Joachim Busse

„der", „die oder „das"?

Übungen zum Artikel

Verlag für Deutsch

deutsch üben

ist eine Reihe von Übungsbüchern zu Grammatik, Wortschatz und Rechtschreibung, die als kursunabhängiges Material zu jedem beliebigen Lehrbuch, aber auch kurstragend benutzt werden können. Bedingt durch die Konzeption, dass in die Übungsblätter auch hineingeschrieben werden kann, liegt der Übungsschwerpunkt im schriftlichen Spracherwerb.

Sämtliche Bände sind auch für den Selbstunterricht geeignet.

Dieses Werk folgt der seit dem 1. August 1998 gültigen Rechtschreibreform. Ausnahmen bilden Texte, bei denen künstlerische, philologische oder lizenzrechtliche Gründe einer Änderung entgegenstehen.

6.	5.	4.	3.		Die letzten Ziffern
2001	2000	1999	98		bezeichnen Zahl und Jahr des Druckes.

Alle Drucke dieser Auflage können, da unverändert, nebeneinander benutzt werden.

1. Auflage R
© 1993 VERLAG FÜR DEUTSCH
Max-Hueber-Str. 8, D-85737 Ismaning
Umschlaggestaltung: Jürgen Schönwiese, München
Druck: Druckerei Ludwig Auer, Donauwörth
Printed in Germany
ISBN 3-88532-659-0

Inhalt

Teil A Übersicht

Teil B Beispiele mit Übungen

Teil C Übungen und Aufgaben

Vorwort

Die Beherrschung des Artikels im Deutschen verlangt ein hohes Maß an Training und Spracherfahrung. Selbst Lernende, die in der deutschen Sprache schon weit fortgeschritten sind, werden oft in ihrem Sprachfluss gehemmt, wenn sie über den richtigen Artikel nachdenken müssen.

Das vorliegende Übungsbuch wendet sich an Deutschlernende, die sich als Sprachanfänger im Gebrauch des Artikels üben möchten, und an Fortgeschrittene, die im Gebrauch des Artikels und seiner Deklination sicherer werden wollen.

Die Erfahrung zeigt, dass in Arbeitsbüchern zu bestehenden Lehrwerken in viel zu geringem Umfang Training im Gebrauch des Artikels stattfindet. Dieses Übungsmaterial, das sich ausschließlich mit dem Artikel im Singular, seiner Beugung und seinem Umfeld beschäftigt, soll in diesem Bereich eine Alternative bieten; es kann jedes Arbeitsbuch ergänzen, keines ersetzen.

Der Benutzer wird immer wieder aufgefordert, sich an den Artikel eines vielleicht längst bekannten Substantivs zu erinnern, ihn zu erfragen, nachzuschlagen, bzw. anhand der Lernhilfen (Regeln) zu erkennen: Er soll um den Artikel „ringen".

Die Lernhilfen oder Regeln, nach denen ein Artikel bestimmt werden kann, sind in **Teil A** kurz zusammengefasst. Weil aber darauf wegen der vielen Ausnahmen und Abweichungen zum Teil nur wenig Verlass ist, gilt grundsätzlich: *Zu jedem Substantiv sollte der Artikel mitgelernt werden.* In den einzelnen Übungen ist jedes Substantiv, dessen Artikel aufgrund einer Regel ermittelt werden kann, durch ein ⓡ gekennzeichnet. Ebenfalls in Teil A findet der Benutzer einen Überblick über die Deklinationsformen des Singulars.

Teil B bietet zahlreiche Beispiele und Übungen für den Artikelgebrauch nach sicheren Regeln, die zu lernen hilfreich ist, und zeigt auch solche Regeln, die besonders viele Abweichungen aufweisen und daher eher schwierig sind. In Teil B kann der Lernende durch einen Zwischentest seine Sicherheit im Artikelgebrauch überprüfen.

Teil C umfasst reichlich Material für ein intensives Training: Der Bestimmung des Artikels folgt eine Deklinationsaufgabe, in der eine bestimmte Form gebildet werden soll. Gleichzeitig werden die verschiedenen Artikelwörter (unbestimmter Artikel, Nullartikel, Possessivpronomen, Demonstrativpronomen etc.) geübt, meist zusammen mit einem Adjektiv. Das Artikelwort *mein* steht hierbei für alle Possessivpronomen. In einem weiteren Schritt soll die richtige Deklinationsform im Sinnzusammenhang eines Beispielsatzes gefunden werden. Solche grammatischen Teilübungen halten wir für den Unterricht in Deutsch als Fremdsprache für besonders wichtig.

Das Übungsbuch ist so angelegt, dass jeder Schüler auch selbständig damit arbeiten kann. Der nach Sachthemen geordnete Grundwortschatz in Teil C kann – wie die Unterrichtspraxis zeigt – im ersten Aufsatzunterricht in Deutsch als Fremdsprache und im Fachunterricht für ausländische Schüler eingesetzt werden.

Den einzelnen Übungen sind Übersichtskästchen vorangestellt, die man wie folgt lesen kann:

bestimmter Artikel im Nominativ	bestimmter Artikel im Dativ
der –	dem –
die –	der –
das –	dem –

Kontraktion: an dem = am
in dem = im
zu dem = zum

Aus *der* wird *dem,* aus *die* wird *der* und aus *das* wird *dem.* Steht vor dem Artikel eine bestimmte Präposition, kommt es zu einer der angegebenen Kontraktionsformen.
Diese Übersichtskästchen verstehen wir gleichermaßen als Lernhilfen und Übungsanweisungen.

Abkürzungen

A	–	Akkusativ
bzw.	–	beziehungsweise
D	–	Dativ
G	–	Genitiv
N	–	Nominativ
Ⓡ	–	Regel
Ⓖ	–	Gattungsname
(!)	–	Vorsicht! Ausnahme, Abweichung etc.

Teil A
Übersicht

I Hilfen für die Artikelbestimmung

> Der Artikel (bzw. das Genus) ist in den meisten Fällen nicht am Substantiv erkennbar. Es gilt der Grundsatz: Zu jedem Substantiv muss der dazugehörige Artikel mitgelernt werden.

Nachfolgend werden die Hilfen für die Artikelbestimmung (Regeln) gezeigt; man muss aber die vielen Ausnahmen beachten.

1. Maskulina

1.1. Natürliches Geschlecht

männliche Personen	männliche Berufe	männliche Tiere
der Mann	der Techniker	der Stier
der Junge	der Bäcker	der Kater
der Vater	der Kaufmann	der Hahn
der Bruder	der Arzt	der Tiger
der Nachbar	der Rechtsanwalt	der Löwe
der Mitarbeiter	der Politiker	der Elefant

1.2. Bezeichnungen der Niederschläge (der Regen, der Schnee . . .)
der Luftbewegungen (der Wind, der Passat . . .)
der Himmelsrichtungen (der Norden, der Süden . . .)
der Jahreszeiten (der Frühling, der Sommer . . .)
der Monate (der Januar, der Februar, der März . . .)
der Wochentage (der Montag, der Dienstag . . .)
der Tageszeiten (der Morgen, der Vormittag . . .)

1.3. Namen von Bergen (der Watzmann, der Mont Blanc . . .)
Mineralien (der Diamant, der Topas . . .)
Autos (der Opel, der Fiat . . .)

1.4. Die meisten einsilbigen Substantive ohne Endung (der Bau, der Kopf, der Tag, der Stoff . . .)

1.5. Fremdwörter – vor allem Personenbezeichnungen – mit der Endung

-us	(der Bonus . . .)
-ant	(der Praktikant, der Demonstrant . . .)
-ent	(der Student, der Absolvent . . .)
-är	(der Pensionär, der Veterinär . . .)
-et	(der Prophet, der Asket . . .)
-eur	(der Friseur, der Masseur . . .)
-ist	(der Pianist, der Statist . . .)

-at	(der Kandidat, der Demokrat . . .)	
-loge	(der Philologe, der Graphologe . . .)	
-or	(der Doktor, der Humor . . .)	

1.6. Substantive mit der Endung *-ling* (der Säugling, der Schmetterling, der Feigling . . .)

2. Feminina

2.1. Natürliches Geschlecht

weibliche Personen	weibliche Berufe	weibliche Tiere
die Frau	die Technikerin	die Kuh
die Mutter	die Verkäuferin	die Katze
die Schwester	die Ärztin	die Henne
die Nachbarin	die Lehrerin	die Ente
die Freundin	die Rechtsanwältin	die Löwin
die Mitarbeiterin	die Politikerin	

2.2. Die meisten zweisilbigen Substantive, die auf *-e* enden (die Rose, die Reise, die Ware, die Treppe, die Stufe, die Kette, die Seite, die Silbe . . .)

2.3. Namen der Bäume und Blumen (die Eiche, die Tanne . . .; die Tulpe, die Nelke . . .)

2.4. Substantivierte Zahlwörter (die Eins, die Vier, die Zwölf . . .)

2.5. Schiffsnamen (die Europa, die Peter Pan, die Wappen von Hamburg . . .)

2.6. Substantive mit der Endung (Suffix) *-heit, -keit, -ung, -schaft, -ät, -ion, -ik, -ur, -thek* und *-nz* (die Gesundheit, die Ewigkeit, die Hoffnung, die Freundschaft, die Nationalität, die Funktion, die Hektik, die Natur, die Bibliothek, die Provinz)

2.7. Substantive auf *-ie* (die Biologie, die Akademie, die Linie, die Arterie, die Batterie . . .)

3. Neutra

3.1. Alle Diminutive (Verkleinerungsformen) sind Neutra (das Häuschen, das Blümchen, das Tischchen, das Hähnchen . . .; das Blümlein, das Kindlein, das Dörflein . . .)

3.2. Junge Lebewesen (das Kind, das Baby, das Junge, das Fohlen . . .)

3.3. Substantivierte Verben (das Lesen, das Spielen, das Arbeiten, das Lernen . . .)

3.4. Namen der Buchstaben (das A, das F, das K . . .)

3.5. Substantive auf *-um* und *-ol* (das Studium, das Praktikum . . .; das Symbol . . .)

3.6. Substantivierte Adjektive (zumeist als Abstrakta) (das Schöne, das Gute, das Große . . .)

3.7. Substantivierte Adjektive der Farben (das Rot, das Rote, das Blau, das Blaue . . .)

3.8. Namen der Metalle (das Eisen, das Kupfer, das Messing . . .)

3.9. Bruchzahlen (außer *die Hälfte*) (das Viertel, das Drittel, das Achtel . . .)

3.10. Namen für Hotels, Cafés, Kinos, Theater (das Carlton, das Kranzler, das Apollo, das Flora . . .)

3.11. Substantive auf *-at* (das Resultat, das Konsulat . . .), auf *-o* (das Büro, das Kino, das Auto, das Konto, das Tempo . . .) und auf *-ment* (das Fundament, das Parlament . . .)

4. Feminina oder Maskulina

4.1. Flussnamen (die Elbe, die Weichsel, die Seine; der Rhein, der Tiber, der Mississippi . . .)

5. Neutra oder Maskulina

5.1. Die meisten Substantive mit der Vorsilbe (Präfix) *Ge-* (das Gebirge, das Getreide . . .; der Geruch, der Gesang . . .)

6. Neutra oder Feminina

6.1. Substantive mit der Endung (Suffix) *-nis* (das Ergebnis, das Geheimnis . . .; die Finsternis, die Erlaubnis . . .)

II Deklinationsformen im Singular

	bestimmter Artikel	unbestimmter Artikel	Nullartikel	
Nominativ	der junge Mann die kluge Frau das kleine Kind	ein junger Mann eine kluge Frau ein kleines Kind	junger Mann kluge Frau kleines Kind	maskulin feminin neutral
Genitiv	des jungen Mannes der klugen Frau des kleinen Kindes	eines jungen Mannes einer klugen Frau eines kleinen Kindes	jungen Mannes kluger Frau kleinen Kindes	maskulin feminin neutral

	bestimmter Artikel	unbestimmter Artikel	Nullartikel	
Dativ	dem jungen Mann der klugen Frau dem kleinen Kind	einem jungen Mann einer klugen Frau einem kleinen Kind	jungem Mann kluger Frau kleinem Kind	maskulin feminin neutral
Akkusativ	den jungen Mann die kluge Frau das kleine Kind	einen jungen Mann eine kluge Frau ein kleines Kind	jungen Mann kluge Frau kleines Kind	maskulin feminin neutral

N-Deklination

	bestimmter Artikel	unbestimmter Artikel	
Nominativ	der gute Mensch	ein guter Mensch	maskulin feminin neutral
Genitiv	des guten Menschen	eines guten Menschen	maskulin feminin neutral
Dativ	dem guten Menschen	einem guten Menschen	maskulin feminin neutral
Akkusativ	den guten Menschen	einen guten Menschen	maskulin feminin neutral

Alle Substantive der N-Deklination sind maskulin. Außer im Nominativ Singular steht in allen Kasus die Endung -en. Nur einige Substantive bilden den Genitiv zusätzlich mit s (z. B. das Herz – des Herzens).

Teil B
Beispiele mit Übungen

I Beispiele und Übungen für die Artikelbestimmung

1. Natürliches Geschlecht

Weibliche und männliche Personen, weibliche und männliche Verwandte, weibliche und männliche Berufe tragen das natürliche Geschlecht.

bestimmter Artikel im Nominativ	unbestimmter Artikel im Nominativ
der –	ein –
die –	eine –
das –	ein –

Kind und *Mädchen* tragen den Artikel *das*.

der Mann, ein Mann

die Frau, eine Frau

das Mädchen, ein Mädchen

der Junge,

_____ ein _____ Junge

der Herr,

_____ ein _____ Herr

die Dame,

_____ eine _____ Dame

der Freund,

_____ ein _____ Freund

die Nachbarin,

_____ eine _____ Nachbarin

der Vater,

_____ ein _____ Vater

die Mutter,

_____ eine _____ Mutter

der Arzt, ein Arzt

die Ärztin, eine Ärztin

die Studentin,

_____ eine _____ Studentin

der Schüler,

_____ ein _____ Schüler

der Rechtsanwalt,

_____ ein _____ Rechtsanwalt

die Dolmetscherin,

_____ eine _____ Dolmetscherin

der Krankenpfleger,

_____ ein _____ Krankenpfleger

die Krankenschwester,

_____ eine _____ Krankenschwester

der Lehrer,

_____ ein _____ Lehrer

die Lehrerin,

_____ eine _____ Lehrerin

__die__ Tante,

__eine__ Tante

__der__ Sohn,

__ein__ Sohn

__die__ Tochter,

__eine__ Tochter

__der__ Nachbar,

__ein__ Nachbar

__die__ Freundin,

__eine__ Freundin

__die__ Hausfrau,

__eine__ Hausfrau

__der__ Informatiker,

__ein__ Informatiker

__die__ Schülerin,

__eine__ Schülerin

__der__ Student,

__ein__ Student

__die__ Verkäuferin,

__eine__ Verkäuferin

bestimmter Artikel im Nominativ	unbestimmter Artikel im Nominativ
der –	ein –
die –	eine –
das –	ein –

1. Der Mann ist Arzt; ein Arzt untersucht und behandelt. 2. Die Frau ist Ärztin; eine Ärztin tut dasselbe wie ein Arzt. 3. Das Mädchen ist Studentin; __eine__ Studentin kann in einem Studentenheim wohnen. 4. __Der__ Junge ist Schüler; __ein__ Schüler muss regelmäßig zur Schule gehen. 5. __Der__ Herr ist Rechtsanwalt; __ein__ Rechtsanwalt arbeitet in einer Kanzlei. 6. __Die__ Dame ist Dolmetscherin; __eine__ Dolmetscherin übersetzt. 7. __Der__ Freund ist Krankenpfleger; __ein__ Krankenpfleger arbeitet in einem Krankenhaus. 8. __Die__ Nachbarin ist Krankenschwester; __eine__ Krankenschwester pflegt kranke Menschen. 9. __Der__ Vater ist Lehrer; __ein__ Lehrer unterrichtet. 10. __Die__ Mutter ist Lehrerin; __eine__ Lehrerin arbeitet in der Schule. 11. __Die__ Tante ist Hausfrau; __eine__ Hausfrau versorgt die Familie. 12. __Der__ Sohn ist Informatiker; __ein__ Informatiker arbeitet am Computer.

unbestimmter Artikel im Nominativ	bestimmter Artikel im Nominativ
ein –	der –
eine –	die –
ein –	das –

1. Da steht ein Mann; der Mann kommt aus Italien. 2. Hier ist eine Frau; die Frau ist Französin. 3. Da sitzt ein Mädchen; __das__ Mädchen lernt Deutsch. 4. Jetzt kommt __ein__ Junge; __der__ Junge heißt Thomas. 5. Dort hinten wartet __ein__ Herr; __den__

Herr hat keine Zeit. 6. Hier kommt ___eine___ Dame; ___die___ Dame spricht fließend Englisch. 7. Morgen besucht mich ___mein___ Freund; ___mein___ Freund lebt jetzt in Dänemark. 8. Jetzt kommt ___ein___ Lehrer; ___der___ Lehrer unterrichtet Deutsch. 9. Hier ist ___eine___ Lehrerin; ___die___ Lehrerin wohnt in Köln. 10. Dort drüben steht ___eine___ Hausfrau; ___die___ Hausfrau hat drei kleine Kinder. 11. Im Supermarkt arbeitet ___eine___ Verkäuferin; ___die___ Verkäuferin verkauft Obst und Gemüse. 12. Hier spielt ___ein___ Kind; ___das___ Kind ist vier Jahre alt.

Weibliche und männliche Tiere tragen das natürliche Geschlecht.
Gattungsnamen Ⓖ der Tiere und Bezeichnungen junger Tiere sind meist Neutra.

---

bestimmter Artikel im Nominativ

der –

die –

das –

---

das Tier Ⓖ	___das___ Fohlen	___die___ Hündin
das Junge	___das___ Rind Ⓖ	___der___ Kater
___das___ Vieh Ⓖ	___die___ Kuh	___die___ Katze
___das___ Huhn Ⓖ	___der___ Stier	___die___ Ziege
___die___ Henne	___der___ Ochse	___der___ Bock
___die___ Glucke	___das___ Kalb	___das___ Schaf Ⓖ
___der___ Hahn	___das___ Schwein Ⓖ	___der___ Widder
___das___ Küken	___die___ Sau	___der___ Hammel
___das___ Pferd Ⓖ	___der___ Eber	___das___ Lamm
___die___ Stute	___das___ Ferkel	
___der___ Hengst	___der___ Hund	

---

unbestimmter Artikel im Nominativ

ein –

eine –

ein –

bestimmter Artikel im Nominativ

der –

die –

das –

Unbestimmter und bestimmter Artikel im Nominativ

1. Ein Huhn geht über den Hof; das Huhn hat gerade ein Ei gelegt. 2. Im Stall steht ein Stier; _der_ Stier ist schwarz und weiß gefleckt. 3. Gleich neben dem Stier steht _eine_ Kuh; _die_ Kuh kümmert sich liebevoll um ihr Kalb. 4. Vor der Haustür sitzt _eine_ Katze; _die_ Katze darf nicht ins Haus. 5. Plötzlich kommt _ein_ Hund angelaufen; _der_ Hund hat die Katze gesehen. 6. Auf der Weide springt _ein_ Fohlen herum; _das_ Fohlen ist gerade sieben Wochen alt. 7. _Ein_ Küken piepst so laut es kann; _das_ Küken sucht nämlich verzweifelt nach der Glucke. 8. Auf dem Mist sitzt _ein_ Hahn; _der_ Hahn kräht aber um diese Zeit nicht mehr. 9. Am Wege grast friedlich _ein_ Schaf; _das_ Schaf muss in einer Woche zum Scheren. 10. Natürlich ist da auch _ein_ Ferkel; aber _das_ Ferkel ist nie zu sehen, weil es den ganzen Tag schläft.

2. Maskuline Substantive

> Die Namen der Jahreszeiten, Monate, Wochentage und Tageszeiten sind Maskulina.

Jahreszeiten: der Frühling, der Sommer, der Herbst, der Winter
(im Frühling, im Sommer, im Herbst, im Winter)

Monate: der Januar, der Februar, der März, der April, der Mai, der Juni, der Juli, der August, der September, der Oktober, der November, der Dezember
(im Januar, im Februar, im März, im April, im Mai, im Juni . . . im Dezember)

Wochentage: der Montag, der Dienstag, der Mittwoch, der Donnerstag, der Freitag, der Samstag (der Sonnabend), der Sonntag
(am Montag, am Dienstag, am Mittwoch, am Donnerstag, am Freitag, am Samstag, am Sonntag)

Tageszeiten: der Morgen, der Vormittag, der Mittag, der Nachmittag, der Abend
aber: die Nacht
(am Morgen, am Vormittag, am Mittag, am Nachmittag, am Abend
aber: in der Nacht)

So werden die Artikel gebraucht.

Ist der Frühling die schönste Jahreszeit? Ich liebe den Frühling ganz besonders. Im Frühling erneuert sich die Natur. Der März ist der erste Frühlingsmonat. Im Juli und im August sind überall in Deutschland Schulferien. Hast du im Oktober Geburtstag? Nein, ich bin im Februar geboren. Wir freuen uns auf den nächsten Juni; dann haben wir Urlaub.
Der Freitag ist der schönste Tag; am Freitag beginnt das Wochenende. An jedem Dienstag und an jedem Donnerstag haben wir Sport. Kannst du am nächsten Mittwoch zu mir kommen? Der Morgen war noch kühl; im Laufe des Vormittags wurde es wärmer. Erwartet ihr am Nachmittag Besuch? Nein, unsere Gäste kommen erst am Abend. Wir verbrachten einen wunderschönen Abend am Meer. In der Nacht war es dunkel und kalt.

> Die Namen der Himmelsrichtungen, der Niederschläge und der Luftbewegungen sind Maskulina.

✴ Himmelsrichtungen:	der Norden, der Osten, der Süden, der Westen
	der Nordosten, der Nordwesten, der Südosten, der Südwesten
	(im Norden, im Osten, im Süden, im Westen, im Nordosten, im Südwesten)
	(ohne Artikel: nach Norden, nach Osten, nach Süden, nach Westen)
✴ Niederschläge:	der Regen, der Schnee, der Hagel, der Tau, der Nebel
	(im Regen, im Schnee, im Hagel, im Tau, im Nebel)
✴ Luftbewegungen:	der Wind, der Sturm, der Orkan, der Mistral, der Hurrikan, der Schirokko
	aber: die Brise
	(im Wind, im Sturm, im Orkan, im Mistral, im Hurrikan, im Schirokko
	aber: in der Brise)

Lesen Sie laut.

Der Norden Deutschlands ist flach; im Süden liegen die Alpen. Wir fuhren von Osten nach Westen. Im Osten der USA ist das Klima anders als im Westen. Flensburg liegt im Norden Deutschlands, Berchtesgaden im Süden. Die Wolken zogen von Süden nach Norden. Diese Früchte kommen aus dem Süden Europas.

Wann hört nur endlich der Regen auf? Überall lag tiefer Schnee; wir gingen durch den tiefen Schnee. Der Hagel hat viel Schaden verursacht. Es macht Spaß, morgens barfuß durch den Tau zu gehen. Wir fuhren in dichtem Nebel durch das Gebirge.

Heute weht ein scharfer Ostwind. Das Schiff geriet in einen Orkan; ein Orkan ist ein sehr starker Sturm. Wir erlebten einen Mistral im Südosten Frankreichs; der Mistral ist ein eiskalter Wind. Der Schirokko ist ein heißer Mittelmeerwind.

Es geschieht leider oft, dass ein Hurrikan über Florida fegt. Es wehte eine frische Brise. Wir segelten in einer leichten Brise.

> Mineralien sind Maskulina.

der Diamant, der Brillant, der Rubin, der Smaragd, der Saphir, der Topas, der Amethyst, der Aquamarin, der Türkis, der Opal, der Malachit, der Glimmer ...

Sehen Sie sich die Verwendung der Artikel genau an.

Ist der Diamant ein geschliffener Brillant? Dein neuer Rubin ist von einem besonders intensiven Rot. Wir wunderten uns über die Größe des Smaragdes; er hatte auch ein ungewöhnliches Feuer. Er schenkte ihr einen hübschen Türkis. Dies ist ein australischer Opal und das ein mexikanischer. Sie möchte sich eine Kette mit einem Aquamarin oder einem Amethyst kaufen. Oft verarbeitet man einen Saphir zusammen mit einem Brillanten.

> Autonamen sind immer Maskulina.

der VW (der Volkswagen), der Mercedes, der BMW, der Opel, der Ford, der Porsche, der Volvo, der Saab, der Mazda, der Honda, der Fiat, der Seat, der Alfa Romeo, der Renault, der Peugeot, der Rover, der Rolls-Royce ...

aber Namen von Motorrädern sind Feminina: die BMW, die Honda ...

> Fremdwörter mit der Endung *-us, -ant, -ent, -är* und *-et* sind ohne Ausnahme Maskulina

der Kursus, der Autobus, der Bonus, der Primus, der Kubus, der Kubismus, der Kapitalismus, der Sozialismus, der Fatalismus, der Kaktus, der Hibiskus, der Zirkus . . .

der Praktikant, der Demonstrant, der Emigrant, der Dilettant, der Kommandant, der Musikant . . .

der Student, der Präsident, der Absolvent, der Dirigent, der Interessent, der Konkurrent . . .

der Sekretär, der Veterinär . . .
aber: das Militär

der Prophet, der Athlet, der Asket, der Ästhet . . .

> Ebenso sind Fremdwörter mit der Endung *-eur, -ist, -loge, -or* Maskulina

der Friseur, der Monteur, der Deserteur, der Konstrukteur, der Kontrolleur, der Exporteur, der Importeur, der Souffleur, der Animateur . . .
(die weiblichen Formen: die Friseuse, die Konstrukteurin, die Exporteurin, die Souffleuse . . .)

der Polizist, der Florist, der Anarchist, der Komponist, der Kapitalist, der Sozialist, der Statist, der Karikaturist, der Faschist, der Fatalist . . .
(die weiblichen Formen: die Polizistin, die Floristin, die Anarchistin, die Komponistin, die Kapitalistin, die Sozialistin, die Statistin, die Karikaturistin, die Faschistin . . .)

der Philologe, der Astrologe, der Graphologe, der Ornithologe, der Dermatologe . . .
(die weiblichen Formen: die Philologin, die Astrologin, die Graphologin . . .)

der Doktor, der Professor, der Direktor, der Rektor, der Konditor, der Diktator, der Kommentator, der Agitator, der Illustrator, der Autor . . .
(die weiblichen Formen: die Doktorin, die Professorin, die Direktorin, die Rektorin, die Konditorin, die Diktatorin, die Kommentatorin, die Agitatorin, die Illustratorin, die Autorin . . .)

der Humor, der Korridor, der Tenor, der Motor, der Dekor, der Tresor, der Tumor, der Marmor, der Terror . . .
aber: das Labor (das Laboratorium)

> Alle Substantive mit der Endung *-ling* sind Maskulina

der Schmetterling, der Säugling, der Sperling, der Fremdling, der Neuling, der Schwächling, der Findling, der Rohling, der Höfling, der Flüchtling, der Häftling . . .

3. Feminine Substantive
die

> Substantive mit dem Suffix *-heit, -keit, -ung* und *-schaft* sind ohne Ausnahme Feminina.

die Schönheit, die Gesundheit, die Krankheit, die Freiheit, die Kindheit, die Klugheit, die Dummheit, die Frechheit, die Echtheit, die Faulheit, die Vergangenheit, die Klarheit, die Feigheit . . .

die Fähigkeit, die Sauberkeit, die Ewigkeit, die Regelmäßigkeit, die Pünktlichkeit, die Genauigkeit, die Ehrlichkeit, die Müdigkeit, die Vergesslichkeit, die Einsamkeit, die Deutlichkeit . . .

die Hoffnung, die Erwartung, die Bedeutung, die Erklärung, die Untersuchung, die Ernährung, die Übung, die Prüfung, die Werbung, die Warnung, die Enttäuschung, die Achtung, die Verbesserung . . .

die Freundschaft, die Feindschaft, die Wirtschaft, die Herrschaft, die Landschaft, die Eigenschaft, die Wissenschaft, die Gesellschaft, die Verwandtschaft, die Bekanntschaft, die Mannschaft . . .

bestimmter Artikel im Nominativ	bestimmter Artikel im Genitiv, Dativ und Akkusativ
der –	des –(e)s / dem – / den –
die –	der – / der – / die –
das –	des –(e)s / dem – / das –

1. Wir waren total begeistert von _der_ Schönheit (D) _der_ Landschaft (G). 2. Hat er sich von _der_ schweren Krankheit (D) wieder erholt? 3. Manchmal kann man an dem Klang eines Wortes _die_ Bedeutung (A) erkennen. 4. Aus _der_ bitteren Feindschaft (D) wurde eine enge Freundschaft. 5. Sie besitzt _die_ Fähigkeit (A) konzentriert und schnell zu lernen. 6. Für den Unfallschaden bekamen wir eine Entschädigung von _der_ Versicherung (D). 7. Nach _der_ ärztlichen Untersuchung (D) musste ich noch einige Tage auf den Befund warten. 8. Geduld ist _die_ wichtigste Eigenschaft (N) eines Lehrers. 9. Das Grundgesetz garantiert uns _die_ Freiheit (A) des Glaubens. 10. Der Unfall wäre sicher nicht geschehen, wenn wir _die_ Warnung (A) beachtet hätten. 11. Den Europapokal gewann _die_ dänische Mannschaft (N). 12. _Die_ Wiederholung (N) _der_ Übung (G) ist sehr wichtig für den Lernerfolg.

> Auch Substantive mit dem Suffix -ät, -ion, -ik, -ur, -thek und -nz sind ohne Ausnahme Feminina.

die Realität, die Aktivität, die Passivität, die Neutralität, die Nationalität, die Universität, die Elektrizität, die Solidarität, die Qualität, die Quantität, die Antiquität, die Rarität . . .

die Diskussion, die Nation, die Station, die Information, die Konzentration, die Demonstration, die Religion, die Illusion, die Explosion, die Emanzipation, die Injektion, die Addition . . .

die Technik, die Informatik, die Statistik, die Hektik, die Optik, die Klinik, die Phonetik, die Musik, die Physik, die Mathematik, die Fabrik, die Politik, die Kritik, die Republik . . .

die Natur, die Kultur, die Reparatur, die Korrektur, die Architektur, die Kandidatur, die Diktatur, die Glasur, die Skulptur, die Frisur, die Figur, die Temperatur, die Struktur, die Prozedur . . .

die Bibliothek, die Diskothek, die Kartothek, die Mediothek . . .

die Provinz, die Toleranz, die Prominenz, die Arroganz, die Ignoranz, die Abstinenz, die Kadenz . . .

bestimmter Artikel im Nominativ	bestimmter Artikel im Genitiv, Dativ und Akkusativ
der –	des –(e)s / dem – / den –
die –	der – / der – / die –
das –	des –(e)s / dem – / das –

1. Dem Patienten fällt es recht schwer, _die_ strenge Diät (A) einzuhalten. 2. Ich muss mich mit _der_ Technik (D) des Computers vertraut machen. 3. Wie teuer ist _die_ Reparatur (N) des Motors? 4. In dem Fragebogen wurde auch nach _der_ Nationalität (D) gefragt. 5. Gestern waren wir in _einer_ neuen Diskothek (D). 6. Für _die_ Korrektur (A) der Übersetzung brauchten wir viel Zeit. 7. Ich bedankte mich für _die_ Information (A). 8. Der Student arbeitet oft in _der_ Bibliothek (D). Die Öffnungszeiten _der_ Bibliothek (G) haben sich geändert. 9. Mein Freund entschied sich für das Studium _der_ Informatik (G). 10. Viele Arbeitnehmer wohnen in _der_ Provinz (D) und haben ihren Arbeitsplatz in der Hauptstadt. 11. Das Steigen und Fallen _der_ Temperatur (G) erfahren wir regelmäßig im Voraus durch den Wetterbericht in den Medien. 12. Zum Schluss ließ _die_ Konzentration (N) der Schüler nach. 13. Hat die junge Ärztin an _der_ Bonner Universität (D) studiert? 14. Die Emission _der_ chemischen Fabrik (G) trug viel zur Luftverschmutzung dieser Gegend bei. 15. So, nun fehlt an unserer Torte nur noch _die_ Glasur (N).

> Namen von Bäumen und Blumen sind meist Feminina.

die Akazie, die Birke, die Buche, die Eibe, die Eiche, die Esche, die Fichte, die Kiefer, die Linde, die Lärche, die Palme, die Pappel, die Pinie, die Platane, die Tanne, die Ulme, die Weide, die Zypresse . . .

aber: der Ahorn

die Akelei, die Aster, die Begonie, die Dahlie, die Fuchsie, die Geranie, die Gladiole, die Lilie, die Margerite, die Narzisse, die Nelke, die Petunie, die Primel, die Rose, die Tulpe …

aber: der Enzian, der Lavendel, der Mohn Ⓡ
aber: das Vergissmeinnicht, das Veilchen Ⓡ, das Maiglöckchen Ⓡ, das Schneeglöck-chen Ⓡ

bestimmter Artikel im Nominativ	**bestimmter Artikel im Genitiv, Dativ und Akkusativ**
der –	des –(e)s / dem – / den –
die –	der – / der – / die –
das –	des –(e)s / dem – / das –

1. Die Eichel ist die Frucht _der_ Eiche (G). 2. _Die_ Birke (A) erkennt man an ihrem weißen Stamm. 3. Ganz oben in _der_ Pappel (D) ist ein Vogelnest. 4. Das Holz _der_ Buche (G) ist weich. 5. Aus dem Holz _der_ Birke (G) und _der_ Fichte (G) stellt man Möbel her. 6. _Die_ Palme (A) und _die_ Zypresse (A) findet man nur in südlichen Ländern. 7. Aus der Frucht _des_ Ahorn_s_ (G) gewinnt man einen besonderen Sirup. 8. Der Stamm _der_ Weide (G) ist oft hohl. 9. Von allen Blumen mag ich am liebsten _die_ Rose (A), _der_ Mohn (A) und _das_ Vergissmeinnicht (A). 10. _Die_ Tulpe (A) gibt es in verschiedenen Farben. 11. Du musst _____ Fuchsie (A) und _____ Geranie (A) täglich gießen. 12. Liebst du den Duft _____ Nelke (G)? 13. Vorsicht mit _____ Maiglöckchen (D); es ist giftig! 14. Die Schönheit _____ Rose (G) wird viel bewundert. 15. Aus _____ Lavendel (D) macht man einen Riechstoff.

> Buchstaben sind Neutra, Zahlen sind Feminina.

das A, das B, das C . . .; ein A, ein B, ein C . . .

Dieses Wort muss man mit einem h schreiben. Dieses Wort schreibt man mit h.
Man hat manchmal Schwierigkeiten mit dem ß und dem Doppel-s.
Übung ist das A und das O beim Lernen.
Das ist von A bis Z falsch
Schreibt man *der andere* mit einem großen oder mit einem kleinen a?

die Eins, die Zwei, die Drei, die Zehn, die Hundert
die 1, die 2, die 3, die 24, die 66, die 100
eine Eins, eine Zwei, eine Drei, eine Zwanzig, eine Hundert
eine 1, eine 2, eine 3, eine 24, eine 75, eine 100

Der Schüler hat eine Eins in Mathematik.
Mit einer Sechs in Physik und einer Fünf in Deutsch solltest du die Klasse lieber wiederholen.
Die Nationalelf hatte bei den Europameisterschaften gute Chancen.
Die Dame wird 85 Jahre alt; wir schrieben eine große 85 auf die Glückwunschkarte.
Mit einer Zwei in Englisch habe ich nicht gerechnet; ich hatte eine Drei erwartet.

> Alle Substantive, die auf *-ie* enden, sind Feminina.

die Linie, die Studie, die Arie, die Aktie, die Familie, die Arterie, die Serie, die Bestie, die Philosophie, die Philologie, die Theologie, die Prärie, die Akademie, die Karosserie, die Epidemie, die Melodie, die Sinfonie (die Symphonie), die Phantasie (die Fantasie) . . .

Hätten Sie die Artikel auch so verwendet?

Diese weiße Linie darf man nicht überschreiten. Ich las eine interessante Studie über das Verhalten von Tieren in der Gefangenschaft. Ein berühmtes Opernlied ist die „Arie der Königin der Nacht" aus Mozarts Zauberflöte. Wir machen mit der ganzen Familie einen Ausflug. Lebt deine Familie in Deutschland? Verfolgt ihr regelmäßig die neue Fernsehserie? Seine Schwester studiert Philologie an der Kölner Universität. Die Karosserie unseres Autos wurde neu lackiert. Kennt ihr die Neunte Sinfonie von Beethoven?

> Alle Substantive, die auf *-ei* enden, sind Feminina.

die Bäckerei, die Konditorei, die Molkerei, die Gärtnerei . . .
die Abtei, die Schmeichelei, die Nörgelei . . .

Wir kaufen Brot und Brötchen in der Bäckerei. In einer Molkerei werden Milchprodukte erzeugt. Wir besuchten eine bekannte Abtei am Rhein. Belästige mich nicht mit deiner ständigen Nörgelei!

4. Neutrale Substantive

> Bezeichnungen für Metalle sind Neutra.

das Gold, das Silber, das Platin, das Kupfer, das Zinn, das Messing, das Blei, das Eisen, das Aluminium, das Nickel, das Kobalt . . .

aber: die Bronze, der Stahl

Bei Ausgrabungen fand man Gegenstände aus purem Gold. Dieses Silber kommt aus Mexiko. Altes Kupfer hat einen warmen Glanz. Blei und Zinn sind weiche Metalle. Hier ist ein Gefäß aus besonders weichem Zinn. Aus diesem Stahl werden in Solingen Stahlwaren hergestellt.

Namen der Farben sind Neutra.

---

das Rot, das Rote, das Grün, das Grüne, das Weiß, das Weiße, das Schwarz, das Schwarze, das Blau, das Blaue, das Grau, das Graue, das Gelb, das Gelbe, das Hellblau, das Hellblaue, das Dunkelblau, das Dunkelblaue, das Hellgrün, das Hellgrüne, das Blutrot, das Blutrote, das Giftgrün, das Giftgrüne, das Rosenrot, das Rosenrote, das Stahlgrau, das Stahlgraue . . .

Lesen Sie aufmerksam.

Mir gefällt das Rot deines Kleides. Das Rote, das du hier siehst, ist die Spitze einer Knospe. Wir freuen uns im Frühling über das frische Grün. Was ist das Grüne hier an dem Metall? Es ist Patina. Beim Kochen oder beim Backen benutzt man manchmal entweder nur das Eiweiß oder nur das Eigelb, dann muss man das Weiße vom Gelben trennen. Habt ihr eine Fahrt ins Blaue gemacht? Mit seinen Antworten trifft er immer ins Schwarze. Die Tapeten waren von einem schrecklichen Giftgrün. Wunderschön glänzte das Schwarz ihres Haares. Auf diesem Bild erzeugt das Blutrot neben dem Hellgrün eine besondere Wirkung. Das Schwarze an meinen Fingern ist Tinte. Das Weiße hier auf dem Fußboden müssen wir entfernen.

Brüche (Bruchzahlen) außer *die Hälfte* sind Neutra.

---

das Viertel, das Drittel, das Fünftel, das Zehntel, das Hundertstel, das Tausendstel . . .

Hier wird ein neues Wohnviertel gebaut. In welchem Viertel wohnt ihr? Bitte, geben Sie mir ein Viertel Butter. Er trinkt jeden Abend sein Viertel. Ein Fünftel der Belegschaft war erkrankt. Fünf Prozent sind das Zwanzigstel der Gesamtsumme.

Fremdwörter auf *-at, -o* und *-ment* sind Neutra.

---

das Resultat, das Konsulat, das Internat, das Referat, das Mandat, das Prädikat . . .

das Büro, das Kino, das Auto, das Tempo, das Konto, das Foto, das Info . . .

das Fundament, das Parlament, das Ornament, das Medikament, das Element, das Fragment, das Regiment, das Sortiment, das Kompliment, das Dokument, das Pigment . . .
* das Moment / der Moment

Ich habe im chilenischen Konsulat ein Visum beantragt. Wir hörten ein interessantes Referat über Chile. Gehst du gern ins Kino? Sie arbeitet in einem modernen Büro. Du musst einen Moment warten. Das ist kein medizinisches, sondern ein psychologisches Moment. Dieses Medikament muss ich täglich einnehmen. Hier ist ein wichtiges Dokument.

* das Moment bedeutet Umstand, Merkmal oder Gesichtspunkt (siehe S. 130 Homonyme)

Fremdwörter mit dem Suffix *-um* sind ohne Ausnahme Neutra.

das Album, das Aquarium, das Datum, das Individuum, das Kriterium, das Museum, das Praktikum, das Publikum, das Territorium, das Stipendium, das Studium, das Visum, das Zentrum . . .

bestimmter Artikel im Nominativ	bestimmter Artikel im Genitiv, Dativ und Akkusativ
der –	des –(e)s / dem – / den –
die –	der – / der – / die –
das –	des –(e)s / dem – / das –

1. _____ Album (N) ist schon ziemlich alt. In _____ Album (D) findet man viele Fotos unserer Großeltern und Urgroßeltern. Mein Vater hat die Fotos in _____ Album (A) geklebt. 2. Kennt ihr _____ große Berliner Aquarium (A)? _____ Aquarium (N) wurde im Zweiten Weltkrieg zerstört und nach dem Zweiten Weltkrieg wieder aufgebaut. Die Besucher _____ Aquarium_____ (G) sind von den vielen Meerestieren begeistert. 3. Die Sekretärin schreibt auf jeden Brief _____ Eingangsdatum (A). An _____ Datum (D) des Briefes kann man erkennen, wie lange der Brief unterwegs war. Im Pass steht _____ genaue Geburtsdatum (N) und der Geburtsort. 4. _____ Praktikum (N) gehört zu deiner Ausbildung. Die Dauer _____ Praktikum_____ (G) ist festgelegt. In _____ Praktikum (D) kannst du viel lernen. Freust du dich schon auf _____ Praktikum (A)? 5. Wie lange dauert _____ Studium (N)? Viele junge Menschen entscheiden sich für _____ Studium (A) der Medizin. Manche Studenten müssen neben _____ Studium (D) noch Geld für ihren Lebensunterhalt verdienen. Während _____ Studium_____ (G) werden auch Studienreisen gemacht. 6. _____ Visum (A) für meine Reise nach Brasilien habe ich schon beantragt. In _____ Visum (D) ist die erlaubte Aufenthaltsdauer vermerkt. _____ Datum (N) _____ Visum_____ (G) ist wichtig. 7. _____ Emil-Nolde-Museum (N) in Schleswig-Holstein wird von vielen Menschen aus aller Welt besucht. Neben _____ Nolde-Museum (D) liegt der besonders schöne Garten des Malers. Auch die einsame Lage _____ Museum_____ (G) in der schleswig-holsteinischen Landschaft ist sehr reizvoll.

Substantive mit dem Suffix *-tum* sind Neutra.

das Wachstum, das Altertum, das Brauchtum, das Siechtum, das Volkstum, das Schrifttum . . .
aber: der Reichtum

Studieren Sie die folgenden Beispielsätze.

Die lange Trockenheit behinderte das Wachstum der Pflanzen. Es gibt Mittel, die das pflanzliche Wachstum fördern. Das Wachstum eines Kindes kann durch Krankheiten gestört werden. In den letzten Jahren konnte man einen Rückgang des wirtschaftlichen Wachstums beobachten. Das Wachstum der Bevölkerung muss in einem rechten Verhältnis zur Wirtschaftssituation eines Landes stehen.

Diesen Schüler interessiert in der Geschichte besonders das Altertum. Die Erforschung des Altertums ist ein spannendes und interessantes Gebiet. Der Reichtum dieses Mannes ist unermesslich; er kam durch Handel zu diesem Reichtum. Man denkt meist nur an wirtschaftlichen Reichtum; es gibt auch anderen Reichtum.

Diminutive (Verkleinerungsformen) sind ohne Ausnahme Neutra; die Diminutivsuffixe heißen -*chen* und -*lein.*

Die Vokale *a, o, u* werden bei der Bildung des Diminutivs in der Regel zu *ä, ö, ü,* bei mehrsilbigen Substantiven entfallen -*e* und -*en.*
(Hut – Hütchen, Tasche – Täschchen, Faden – Fädchen)

bestimmter Artikel im Nominativ	**bestimmter und unbestimmter Artikel im Nominativ**
der –e –	das –e –chen / ein –es –chen
die –e –	das –e –chen / ein –es –chen
das –e –	das –e –chen / ein –es –chen

_____ schwarze Katze ®   das schwarze Kätzchen / ein schwarzes Kätzchen

_____ kleine Hund ®   _____ klein_____ _____ /

_____ klein_____ _____

_____ schnelle Pferd ®   _____ schnell_____ _____ /

_____ schnell_____ _____

_____ seltene Tier   _____ selten_____ _____ /

_____ selten_____ _____

_____ rote Apfel   _____ rot_____ _____ /

_____ rot_____ _____

_____ winzige Stück   _____ winzig_____ _____ /

_____ winzig_____ _____

_____ zaghafte Schluck ®   _____ zaghaft_____ _____ /

_____ zaghaft_____ _____

_____ kleine Happen   _____ klein____ _____ /

_____ klein____ _____

_____ warme Hand   _____ warm____ _____ /

_____ warm____ _____

_____ kalte Fuß Ⓡ   _____ kalt____ _____ /

_____ kalt____ _____

_____ liebevolle Kuss Ⓡ   _____ liebevoll____ _____ /

_____ liebevoll____ _____

_____ alte Schrank Ⓡ   _____ alt____ _____ /

_____ alt____ _____

_____ niedrige Tisch Ⓡ   _____ niedrig____ _____ /

_____ niedrig____ _____

_____ wackelige Stuhl Ⓡ   _____ wackelig____ _____ /

_____ wackelig____ _____

_____ bunte Strauß Ⓡ   _____ bunt____ _____ /

_____ bunt____ _____

_____ malerische Stadt   _____ malerisch____ _____ /

_____ malerisch____ _____

_____ kleine Wald Ⓡ   _____ klein____ _____ /

_____ klein____ _____

_____ modische Tasche Ⓡ _____ modisch____ _____ /

_____ modisch____ _____

_____ winzige Flasche Ⓡ   _____ winzig____ _____ /

_____ winzig____ _____

_____ liebe Schwester Ⓡ   _____ lieb____ _____ /

_____ lieb____ _____

_____ mickrige Hut Ⓡ   _____ mickrig____ _____ /

_____ mickrig____ _____

_____ lustige Spiel   _____ lustig____ _____ /

_____ lustig____ _____

_____ stolze Hahn Ⓡ   Vorsicht: Ein _Hähnchen_ liegt gebraten auf dem Teller.

_____ trockene Brot   Vorsicht: Ein _Brötchen_ ist nicht dasselbe wie ein kleines Brot.

_____ gesprochene Wort   Vorsicht: Ein _Wörtchen mit jdm. reden_ heißt _schimpfen_.

unbestimmter Artikel im Nominativ	**unbestimmter Artikel im Akkusativ**
ein –er –	einen –en – / ein (–es) –chen
eine –e –	eine –e – / ein (–es) –chen
ein –es –	ein –es – / ein (–es) –chen

1. Nehmen Sie doch noch _____ klein____ Happen. Nein Danke! Noch _____ einzig____ _____, und ich platze! 2. Meine Nachbarn haben _____ schwarz____ Katze. Wer streichelt nicht gern _____ klein____ _____! 3. Ich habe leider nur noch _____ winzig____ Flasche. Macht nichts, ich brauche nur noch _____ _____ für heute Nachmittag. 4. Wollen Sie nicht _____ bunt____ Strauß für die Gastgeberin mitnehmen? Ja, über _____ bunt____ _____freut sie sich bestimmt. 5. Haben wir eigentlich noch Brot für das Wochenende? Ja, aber ich würde am Samstag viel lieber _____ zum Frühstück essen. 6. Kann ich _____ klein____ Schluck von deinem Bier trinken? Ja, aber bitte wirklich nur _____! 7. Gibst du mir zum Abschied _____ Kuss? Klar bekommst du _____ _____ . 8. Darf ich Ihnen ein Stück Schokolade anbieten? Gern, aber bitte nur _____ ganz klein____ _____. 9. Von der Durchsage habe ich k_____ Wort verstanden. Ich muss mal _____ _____ mit der Ansagerin darüber reden. 10. Hinter dem Haus liegt_____ klein____ Wald, unser _____.

bestimmter Artikel im Nominativ (Diminutiv)	**bestimmter und unbestimmter Artikel im Nominativ**
das –lein	der kleine – / ein kleiner –
das –lein	die kleine – / eine kleine –
das –lein	das kleine – / ein kleines –

das Fischlein Ⓡ   der kleine Fisch / ein kleiner Fisch

das Blümlein Ⓡ   _____ _____ _____ /

    _____ _____ _____

das Büchlein   _____ _____ _____ /

    _____ _____ _____

das Sträußlein ® ____ _____ _____ /

_____ _____ _____

das Häuslein ____ _____ _____ /

_____ _____ _____

das Mäuslein ____ _____ _____ /

_____ _____ _____

das Männlein ® ____ _____ _____ /

_____ _____ _____

das Fräulein (!) ® ____ _____ _____ /

_____ _____ _____

das Kindlein ____ _____ _____ /

_____ _____ _____

das Bäumlein ® ____ _____ _____ /

_____ _____ _____

das Röslein ® ____ _____ _____ /

_____ _____ _____

das Äuglein ____ _____ _____ /

_____ _____ _____

das Gärtlein ____ _____ _____ /

_____ _____ _____

das Mücklein ® ____ _____ _____ /

_____ _____ _____

das Wörtlein ____ _____ _____ /

_____ _____ _____

das Tüchlein ____ _____ _____ /

_____ _____ _____

das Brücklein ® ____ _____ _____ /

_____ _____ _____

das Stündlein (!) ® ____ _____ _____ /

_____ _____ _____

das Würmlein ® _____ _____ _____ /

_____ _____ _____

das Brieflein ® _____ _____ _____ /

_____ _____ _____

das Schwesterlein ® _____ _____ _____ /

_____ _____ _____

das Brüderlein ® _____ _____ _____ /

_____ _____ _____

das Ringlein ® _____ _____ _____ /

_____ _____ _____

das Kettlein ® _____ _____ _____ /

_____ _____ _____

das Kämmerlein _____ _____ _____ /

_____ _____ _____

bestimmter Artikel im Nominativ	unbestimmter Artikel im Nominativ, Dativ und Akkusativ; Nominativ und Akkusativ ohne Artikel; Artikelwort *mein*
der –e –	(m)ein –er – / (m)einem –en – / (m)einen –en –
die –e –	(m)eine –e – / (m)einer –en – / (m)eine –e –
das –e –	(m)ein –es – / (m)einem –en – / (m)ein –es –

1. Früher nannte man jede unverheiratete Frau (klein____) _____ 2. Jetzt bin ich dran; jetzt hat m_____ letzt____ _____ (Stunde) geschlagen. 3. Ein bekanntes Goethe-Gedicht heißt: Sah ein Knab' _____ _____(Rose) steh'n. 4. Ein berühmtes Kinderlied geht so: _____ _____ (Mann) steht im Walde. 5. Kennst du das Märchen vom _____ (Bruder) und _____ (Schwester)? 6. Auf _____ klein____ _____ (Berg), da steht _____ klein____ _____ (Zwerg). 7. Es war ein Kaiser an dem Rhein, der hatte _____ schön____ _____ (Tochter). 8. Kommt _____ klein____ _____ (Maus), baut _____ klein____ _____ (Haus); kommt _____ klein____ _____ (Mücke), baut _____ klein____ _____ (Brücke); kommt _____ klein____ _____ (Wurm), baut _____ klein____ _____ (Turm). 9. Und zur Hochzeit schenkte ihr der Prinz _____ klein____ _____ (Ring) von unschätzbarem Wert. 10. Die besten Gedanken kommen einem im still____ _____ (Kammer).

bestimmter Artikel im Nominativ (Diminutiv)	Artikelwort *dieser, jener, welcher, jeder* und *mancher* und unbestimmter Artikel im Nominativ
das –lein / das –chen	dieser –e – / jener –e – / welcher –e – / usw. / ein –er –
das –lein / das –chen	diese –e – / jene –e – / welche –e – / usw. / eine –e –
das –lein / das –chen	dieses –e – / jenes –e – / welches –e – / usw. / ein –es –

das Bächlein ®   dieser kleine Bach / ein kleiner Bach

das Pflänzchen ®   welch_____ _____ _____ /

_____ _____ _____

das Schiffchen   jen_____ _____ _____ /

_____ _____ _____

das Körnlein   jed_____ _____ _____ /

_____ _____ _____

das Kernchen ®   jed_____ _____ _____ /

_____ _____ _____

das Steinchen ®   welch_____ _____ _____ /

_____ _____ _____

das Tröpfchen   manch_____ _____ _____ /

_____ _____ _____

das Flöckchen ®   jed_____ _____ _____ /

_____ _____ _____

das Sternlein ®   jen_____ _____ _____ /

_____ _____ _____

das Wölkchen ®   dies_____ _____ _____ /

_____ _____ _____

das Pünktchen ®   jed_____ _____ _____ /

_____ _____ _____

das Bänklein   dies_____ _____ _____ /

_____ _____ _____

das Bäumchen ®   jed_____ _____ _____ /

_____ _____ _____

das Zettelchen   dies_____ _____ _____ /

_____ _____ _____

das Heftchen   welch_____ _____ _____ /

_____ _____ _____

das Lichtlein   jen_____ _____ _____ /

_____ _____ _____

das Bläschen ®   jed_____ _____ _____ /

_____ _____ _____

das Schrittchen ®   manch_____ _____ _____ /

_____ _____ _____

das Stückchen   dies_____ _____ _____ /

_____ _____ _____

das Scheibchen ®   welch_____ _____ _____ /

_____ _____ _____

das Löckchen ®   jed_____ _____ _____ /

_____ _____ _____

das Eckchen ®   dies_____ _____ _____ /

_____ _____ _____

das Zweiglein ®   jed_____ _____ _____ /

_____ _____ _____

das Blättchen   manch_____ _____ _____ /

_____ _____ _____

das Würzelchen   jed_____ _____ _____ /

_____ _____ _____

bestimmter Artikel im Nominativ	Artikelwort *dieser, jener, jeder* und *mancher* im Nominativ und Dativ
der –	dieser –e –, diesem –en – / jener –e –, jenem –en – / usw.
die –	diese –e –, dieser –en – / jene –e –, jener –en – / usw.
das –	dieses –e –, diesem –en – / jenes –e –, jenem –en – / usw.

1. Dies____ klein____ Schiff (N) ist aus Holz. _____ _____ (N) ist aus Holz. 2. An dies____ klein____ Bach (D) haben wir als Kinder oft gespielt. An _____ _____ (D) haben wir als Kinder oft gespielt. 3. Jed____ klein____ Korn (N) hat einen Keim. _____ _____ (N) hat einen Keim. 4. Von dieser Flüssigkeit ist jed____ Tropfen (N) kostbar. Von dieser Flüssigkeit ist _____ _____ (N) kostbar. 5. Dies____ klein____ Stück Kuchen (N) ist für dich. _____ _____ Kuchen (N) ist für dich. 6. Nicht jed____ klein____ Zweig (N) trägt Blüten. Nicht _____ _____ (N) trägt Blüten. 7. So manch____ klein____ Heft (N) ist schon mit meinen Notizen gefüllt. So _____ _____ (N) ist schon mit meinen Notizen gefüllt. 8. Dies____ klein____ Zettel (N) lag auf dem Schreibtisch. _____ _____ (N) lag auf dem Schreibtisch. 9. Jen____ klein____ Licht (N) dort ganz hinten ist unser Gasthaus. _____ _____ dort ganz hinten ist unser Gasthaus. 10. Auf dies____ klein____ Bank (D) saßen wir oft. Auf _____ _____ (D) saßen wir oft. 11. Hier sieht man in jed____ klein____ Blase (D) einen kleinen schwarzen Punkt. Hier sieht man in _____ _____ (D) ein schwarzes Pünktchen. 12. Jen____ klein____ Stern (N) ist ein Fixstern. _____ _____ (N) ist ein Fixstern.

Substantivierte Verben sind ohne Ausnahme Neutra.

---

das Hören, das Sehen, das Gehen, das Lachen, das Weinen, das Spielen, das Sprechen, das Lernen, das Kommen, das Lächeln ...

Prägen Sie sich den Gebrauch des Artikels ein.

Das Gehen fällt dem Kranken sehr schwer. Wir hörten das fröhliche Lachen der Kinder. Beobachtest du gern das Starten und Landen der Flugzeuge? Macht euch das Üben Spaß? Das Betreten des Rasens ist verboten! Durch tägliches Radfahren bleibe ich fit. Trotz des langen Wartens bekamen wir keine Eintrittskarten mehr. Bitte beeilen Sie sich beim Ein- und Aussteigen! Vor dem Einschlafen lese ich meistens noch eine halbe Stunde. Nach dem Essen unterhalten wir uns noch. Beim Essen führten wir ein interessantes Gespräch. Jetzt bin ich des Wartens müde. Für sein mutiges Eingreifen bekam er ein Lob. Beim Aufräumen findet man oft interessante Sachen. Wegen rücksichtslosen Fahrens bekam er eine hohe Strafe. Hast du heute Lust zum Spazierengehen? Kann man beim Sprechen an grammatische

Regeln denken? Der alte Herr hat keine Freude mehr am Lesen. Dort ist ein ständiges Kommen und Gehen.

> Substantivierte Adjektive und Partizipien sind Neutra.

das Schöne, das Hässliche, das Gute, das Böse, das Beste, das Schlimme, das Schlimmste, das Neue, das Alte, das Süße, das Saure, das Bittere, das Ekelhafte, das Angenehme, das Liebe, das Schlechte, das Harte, das Weiche, das Feine, das Grobe, das Teure, das Billige, das Preiswerte, das Nahe, das Ferne, das Hohe, das Niedrige, das Schnelle . . .

das Gelernte, das Erhoffte, das Gehörte, das Gekaufte, das Bezahlte, das Gesehene, das Eroberte, das Gesagte, das Gelesene, das Geschriebene, das Ausgesonderte, das Abgeschriebene, das Abgeschlossene, das Durchgesehene, das Verlorene, das Erarbeitete, das Gefärbte, das Vertrocknete, das Kommende, das Lebende, das Fliegende, das Verschwindende . . .

> Substantivierte Adjektive und Partizipien, die Personen bezeichnen, haben das natürliche Geschlecht.

die Schöne, der Schöne, die Kluge, der Kluge, die Neue, der Neue, die Reisende, der Reisende . . .
die Bestrafte, der Bestrafte, die Lesende, der Lesende, die Gesuchte, der Gesuchte . . .

Lesen Sie laut.

Das Schönste im Urlaub war das Baden. Du warst wirklich die Schönste. Das Erhoffte ist leider nicht eingetreten. Wir bewundern das Große und Erhabene. In ihrem neuen Haus ist alles vom Schönsten und vom Besten. Ich habe das Faule an diesem Apfel entfernt. Ihr gefällt das Kindliche in ihm. Alles Lebende muss geschützt werden. Das Gehörte habe ich aufgeschrieben. Das Bedeutendste an ihm war sein großes Wissen. Das ist das Letzte. Das Gekaufte muss bezahlt werden. Kann er Geschriebenes lesen? Das gründlich Gelernte vergisst man nicht so leicht.

5. Regeln mit häufigen Abweichungen

> Einsilbige Substantive sind meist Maskulina; es gibt aber viele Ausnahmen.

der Kopf, der Hals, der Arm, der Fuß, der Mund, der Bauch, der Schmerz, der Mut, der Trost, der Stoff, der Geist, der Gast, der Grund, der Stich, der Stoß, der Hass, der Spaß, der Stolz, der Flug, der Sprung, der Wurf, der Turm, der Tisch, der Stuhl, der Schrank, der Raum, der Baum, der Stamm, der Zweig, der Ast, der Sitz, der Stand, der Blitz, der Kohl, der Staat, der Hut, der Traum, der Witz, der Zahn, der Zorn, der Stein, der Sand, der Strand, der Mond . . .

aber: die Luft, die Fahrt, die Last, die List, die Saat, die Stadt, die Not, die Sucht, die Lust, die Flut, die Wut, die Naht, die Kunst, die Faust, die Haut, die Nacht, die Macht, die Hand, die Uhr, die Zahl, die Tür, die Bucht, die Schlucht, die Wahl, die Schnur . . .

aber: das Brot, das Blut, das Herz, das Ohr, das Bett, das Brett, das Zeug, das Tor, das Glas, das Fass, das Maß, das Haus, das Buch, das Heft, das Blatt, das Wort, das Tuch, das Fest, das Nest, das Hemd, das Kleid, das Geld, das Haar, das Paar, das Lob, das Gras, das Band, das Land, das Meer . . .

Zweisilbige Substantive, die auf *-e* enden, sind meistens Feminina, es gibt nur wenige Ausnahmen.

---

die Hilfe, die Liebe, die Güte, die Würde, die Freude, die Ruhe,
die Sorge, die Seele, die Bitte, die Sitte, die Mitte, die Höhe,
die Blume, die Blüte, die Knospe, die Pflanze, die Farbe, die Rose,
die Erde, die Reise, die Straße, die Küste, die Welle, die Eile,
die Speise, die Beere, die Gurke, die Traube, die Küche, die Kirche,
die Treppe, die Brücke, die Fähre, die Karte, die Jacke, die Hose,
die Nase, die Wiese, die Weide, die Wolke, die Sonne . . .

aber: der Glaube, der Wille, der Hase, der Riese, das Auge, das Ende . . .

Hätten Sie den richtigen Artikel verwendet?

In der schwierigen Lage war die Hilfe seiner Nachbarn entscheidend. Ich dankte ihnen für ihre Hilfe. Nur mit der Hilfe seiner Familie konnte er seine lange Ausbildung beenden. Ohne die Hilfe des Freundes hätte sie es nicht geschafft, ihr Ziel zu erreichen. Die Freude über die gute Nachricht war groß. Der große Lärm war der Ausdruck ihrer Freude. Mit deinem Brief hast du mir eine große Freude gemacht. Ich mochte meine Freude nicht so deutlich zeigen. Hier ist eine winzige Knospe; die Knospe ist kaum zu erkennen. Wir betrachten die Knospe durch ein Vergrößerungsglas. Von der Knospe zur Blüte dauert es nicht mehr lange. Diese Straße ist ziemlich eng. Wohnt ihr in dieser Straße? Lasst bloß die Kinder nicht auf der Straße spielen! Der Bau der Straße wird noch einige Wochen dauern. Heute scheint die Sonne. Man soll sich nicht zu lange in die pralle Sonne legen. Im Hochsommer ist das Licht der Sonne oft sehr grell. Im Frühjahr und im Herbst sitzt man gern in der Sonne. Der Riese und der Zwerg sind Märchenfiguren. Das Ende unserer Arbeit ist schon zu sehen. Wir wohnen am Ende dieser Straße. Ein Ende dieser Not ist noch nicht abzusehen. Wir müssen diesem schlimmen Zustand ein Ende machen.

Substantive mit dem Präfix *Ge-* sind meist Neutra; viele unter ihnen sind Sammelbegriffe.

---

das Gebäck, das Gebäude, das Gebet, das Gebirge, das Gedicht, das Gefälle, das Gefieder, das Gehalt, das Gehör, das Gelände, das Geländer, das Gelächter, das Gelenk, das Gemisch, das Gepäck, das Gerät, das Geräusch, das Gericht, das Geschlecht, das Geschrei, das Gesetz, das Gesicht, das Gespräch, das Gestein, das Getier, das Getränk, das Getreide, das Getriebe, das Gewässer, das Gewicht, das Gewölk . . .

aber: die Geburt, die Geduld, die Gefahr, die Gewalt . . .

aber: der Gedanke, der Gehalt (!), der Genuss, der Geschmack, der Geruch, der Gestank . . .

bestimmter Artikel im Nominativ	bestimmter Artikel im Genitiv, Dativ und Akkusativ
der –	des –(e)s / dem – / den –
die –	der – / der – / die –
das –	des –(e)s / dem – / das –

Kontraktion: an dem = am

1. Die Alpen sind _____ größte Gebirge (N) Europas. 2. Sie machten eine Wanderung durch _____ schroffe Hochgebirge (A). 3. Südlich _____ Gebirge____ (G) liegt eine weite Ebene. 4. An _____ Gespräch (D) mit dem Politiker nahmen viele Jugendliche teil. 5. Ich habe mich gründlich auf _____ Gespräch (A) mit meinem Mitarbeiter vorbereitet. 6. Wer hat dich auf _____ Gedanken (A) gebracht? 7. _____ Gedanke (N) ist mir beim Lesen gekommen. 8. _____ Treppengeländer (N) ist aus Gusseisen. 9. Wir hielten uns an _____ Treppengeländer (D) fest. 10. _____ Gelände (N) rings um den Ort ist außergewöhnlich fruchtbar. 11. Das Betreten _____ Fabrikgelände____ (G) ist verboten! 12. Man kann die Stärke _____ Geräusch____ (G) messen. 13. _____ Fruchtgetränk (N) enthält keinen Zucker. 14. Wir dürfen beim Lernen der Artikel _____ Geduld (A) nicht verlieren. 15. Auf die Dauer ist _____ Genuss (N) von Alkohol sehr schädlich. 16. Er hat mich vor _____ Gefahr (D) gewarnt. 17. Ich kann _____ starken Geruch (A) von Ölfarbe nicht vertragen. 18. _____ Gebäude (N) wurde im vorigen Jahrhundert errichtet. 19. Die Fassade _____ Gebäude____ (G) ist erst kürzlich restauriert worden. 20. Gefällt dir _____ Gedicht (N)?

> Substantive mit dem Suffix -nis sind Neutra oder Feminina, vorwiegend aber Neutra.

bestimmter Artikel im Nominativ	bestimmter Artikel im Dativ
die –	der –
das –	dem –

_____ Erlaubnis	mit der Erlaubnis
_____ Erlebnis	von _____ Erlebnis
_____ Ergebnis	aus _____ Ergebnis

_____ Kenntnis	nach _____ Kenntnis
_____ Erkenntnis	mit _____ Erkenntnis
_____ Bekenntnis	in _____ Bekenntnis
_____ Gedächtnis	aus _____ Gedächtnis
_____ Verhältnis	in _____ Verhältnis
_____ Geheimnis	mit _____ Geheimnis
_____ Bedürfnis	aus _____ Bedürfnis
_____ Zeugnis	in _____ Zeugnis
_____ Verzeichnis	in _____ Verzeichnis
_____ Verständnis	nach _____ Verständnis
_____ Einverständnis	mit _____ Einverständnis
_____ Fäulnis	von _____ Fäulnis
_____ Verhängnis	von _____ Verhängnis
_____ Hindernis	vor _____ Hindernis
_____ Geständnis	nach _____ Geständnis
_____ Finsternis	in _____ Finsternis
_____ Ärgernis	aus _____ Ärgernis
_____ Bündnis	in _____ Bündnis
_____ Erzeugnis	mit _____ Erzeugnis
_____ Gefängnis	in _____ Gefängnis
_____ Wildnis	in _____ Wildnis
_____ Ersparnis	mit _____ Ersparnis

bestimmter Artikel im Nominativ	bestimmter Artikel im Genitiv, Dativ und Akkusativ
der –	des –(e)s / dem – / den –
die –	der – / der – / die –
das –	des –(e)s / dem – / das –

1. Als sie heiratete, war sie noch so jung, dass sie _____ Erlaubnis (A) ihrer Eltern brauchte. 2. _____ Erlebnis (A) werde ich nie vergessen. 3. Aus _____ Ergebnis (D) unserer Berechnungen erkannten wir, dass unser Vorhaben zu teuer war. 4. Wusstest du alle technischen Daten aus _____ Gedächtnis (D)? 5. Ich erschrak vor der Größe _____ Hin-

dernis____ (G). 6. Nach _____ Geständnis (D) wurde der Angeklagte verurteilt. 7. Ich ließ mir eine Kopie _____ letzten Zeugnis____ (G) machen; _____ Zeugnis (A) und die Bewerbung schickte ich zusammen mit dem Lebenslauf an eine Firma. 8. Aus _____ Bedürfnis (D) nach Bewegung und frischer Luft streben wir aus unseren Behausungen ins Freie. 9. Die Eröffnung des neuen Flughafens war für unsere Stadt _____ wichtigste Ereignis (N) des letzten Jahres. 10. Alle waren überrascht bei der Entdeckung _____ Geheimnis____ (G).

Namen von Flüssen sind Feminina oder Maskulina.
Namen von Bergen sind Maskulina.
Schiffsnamen sind Feminina.
Namen von Hotels, Cafés und Kinos sind Neutra.

---

bestimmter Artikel im Nominativ

der –
die –
das –

Kontraktion: an dem = am
              in dem = im
              zu dem = zum

bestimmter Artikel im Dativ

dem –
der –
dem –

_____ Elbe	an der Elbe
_____ Isar	auf _____ Isar
_____ Rhein	an _____ Rhein
_____ Neckar	auf _____ Neckar
_____ Spree	an _____ Spree
_____ Donau	an _____ Donau
_____ Inn	an _____ Inn
_____ Moldau	an _____ Moldau
_____ Seine	auf _____ Seine
_____ Themse	auf _____ Themse
_____ Mississippi	an _____ Mississippi
_____ Amazonas	auf _____ Amazonas

_____ Watzmann	auf _____ Watzmann
_____ Großglockner	an _____ Großglockner
_____ Brenner	auf _____ Brenner
_____ Mont Blanc	an _____ Mont Blanc
_____ Kaiserstuhl	auf _____ Kaiserstuhl
_____ Popocatepetl	auf _____ Popocatepetl
_____ Europa	auf _____ Europa
_____ Bremen	mit _____ Bremen
_____ Finnjet	auf _____ Finnjet
_____ Prinz Hamlet	mit _____ Prinz Hamlet
_____ Titanic	auf _____ Titanic
_____ Hilton	in _____ Hilton
_____ Sacher	aus _____ Sacher
_____ Atlantic	zu _____ Atlantic

bestimmter Artikel im Nominativ	bestimmter Artikel im Genitiv, Dativ und Akkusativ
der –	des –(e)s / dem – / den –
die –	der – / der – / die –
das –	des –(e)s / dem – / das –
Kontraktion: an dem = am in das = ins von dem = vom	

1. Wir fuhren mit _____ Prinz Hamlet (D) _____ Elbe (A) flussaufwärts. 2. Berlin liegt an _____ Spree (D), Köln an _____ Rhein (D), und Prag liegt an _____ Moldau (D). 3. Bei Basel fuhren wir über _____ Rhein (A). 4. Auf _____ Mississippi (D) kann man noch mit alten Raddampfern fahren. 5. Die Jugendlichen zelteten direkt am Ufer _____ Isar (G). 6. Auf _____ Titanic (D) befanden sich viele europäische Auswanderer. 7. Wir trafen unsere Freunde an Bord _____ Finnjet (G); _____ Finnjet (N) verkehrt zwischen Helsinki und Travemünde. 8. Fuhrt ihr nach Italien über _____ Brenner (A)? 9. Wir konnten _____ Popocatepetl (A) von unserem Fenster aus sehen. 10. Vom Trocadero in Paris kann man auf die Brücken _____ Seine (G) blicken. 11. Von _____ Hilton (D) in Buda-

pest hat man einen schönen Blick auf _____ Donau (A). 12. Wart ihr auf _____ Groß-glockner (D)? 13. Wir gingen in _____ Café Sacher (A).

Das Substantiv *Teil* ist entweder Maskulinum oder Neutrum.
Der Teil bedeutet in der Regel „Stück eines Ganzen"; *das Teil* bedeutet in der Regel „ein Stück von vielen, Ersatz- oder Einzelstück".
In der Umgangssprache gibt es häufig Abweichungen.

---

bestimmter Artikel im Nominativ

der –
das –

_____ Teil (Stück eines Ganzen)	_____ Körperteil	_____ Unterteil (!)
	_____ Sonderteil	_____ Zwischenteil (!)
_____ Teil (Ersatzstück; Einzelstück)	_____ Vorteil	_____ Mittelteil (!)
	_____ Nachteil	_____ Ersatzteil
_____ Bruchteil	_____ Anteil	_____ Einzelteil
_____ Erdteil	_____ Hauptteil (!)	_____ Gegenteil
_____ Landesteil	_____ Hauptanteil	_____ Erbteil
_____ Stadtteil	_____ Oberteil (!)	_____ Schlussteil

Unterscheiden Sie genau.

1. Die große Wohnung wurde geteilt; der vordere Teil gehört seinen Eltern, der hintere Teil gehört ihm. 2. Den größten Teil des Tages verbringt er an seinem Arbeitsplatz. 3. Bevor die Produkte in den Handel gehen, wird jedes Teil einzeln geprüft. 4. Dieses Teil des Motors muss ersetzt werden. 5. Der untere Teil des Motors muss gründlich gereinigt werden. 6. Der vordere Teil des Saales ist für die Kinder reserviert; der hintere Teil für die Erwachsenen. 7. Der Stadtteil, in dem ich wohne, ist ziemlich alt. 8. Dort entsteht ein ganz neuer Stadtteil. 9. Der südliche Teil des Landes ist sehr waldreich. 10. Das Farbband der Schreibmaschine ist ein Verschleißteil, das oft ersetzt werden muss. 11. Unsere Tageszeitung hat heute einen Sonderteil; der Sonderteil berichtet ausschließlich über sportliche Ereignisse. 12. Den Hauptteil des Buches habe ich schon gelesen. 13. Wie heißt das Gegenteil von *oft*? 14. Es war ein großer Vorteil für uns alle, dass einer von uns die Landessprache beherrschte. 15. Den letzten Teil des Weges gingen wir zu Fuß.

II Zwischentest

bestimmter Artikel im Nominativ

der –
die –
das –

Hier kann man sich bei der Bestimmung des Artikels auf die Regeln verlassen.

_____ Schüler Ⓡ	_____ Süden Ⓡ	_____ Hoffnung Ⓡ
_____ Studentin Ⓡ	_____ Sommer Ⓡ	_____ Wirtschaft Ⓡ
_____ Kind Ⓡ	_____ Sonne Ⓡ	_____ Einsamkeit Ⓡ
_____ Hahn Ⓡ	_____ Mond Ⓡ	_____ Natur Ⓡ
_____ Kalb Ⓡ	_____ Pflanze Ⓡ	_____ Elektrizität Ⓡ
_____ Vetter Ⓡ	_____ Nelke Ⓡ	_____ Aquarium Ⓡ
_____ Tochter Ⓡ	_____ Platane Ⓡ	_____ Bücherei Ⓡ
_____ Verkäuferin Ⓡ	_____ Baum Ⓡ	_____ Schöne Ⓡ
_____ Richter Ⓡ	_____ Bäumchen Ⓡ	_____ Dreizehn Ⓡ
_____ Wind Ⓡ	_____ Blümlein Ⓡ	_____ A und O Ⓡ

Hier gibt es Abweichungen von der Regel.

_____ Nase	_____ Hindernis	_____ Stahl
_____ Kusine	_____ Eiche	_____ Labor
_____ Abend	_____ Wind	_____ Hälfte
_____ Rost	_____ Gewicht	_____ Genuss
_____ Liebe	_____ Gedicht	_____ Reichtum
_____ Eisen	_____ Auge	_____ Erlaubnis
_____ Humor	_____ Mädchen	_____ Ahorn
_____ Drittel	_____ Nacht	_____ Brise
_____ Getreide	_____ Kost	_____ Gewalt
_____ Wachstum	_____ Glaube	_____ Geschichte

Teil C
Übungen und Aufgaben

I Sachfelder

1. Der menschliche Körper

bestimmter Artikel im Nominativ

der –
die –
das –

_____ Kopf Ⓡ	_____ Hand	_____ Leber
_____ Stirn	_____ Fuß Ⓡ	_____ Galle Ⓡ
_____ Rumpf Ⓡ	_____ Finger	_____ Blase Ⓡ
_____ Wirbelsäule Ⓡ	_____ Zehe Ⓡ	_____ Niere Ⓡ
_____ Rücken	_____ Ellenbogen	_____ Milz
_____ Hals Ⓡ	_____ Knie	_____ Verdauung Ⓡ
_____ Schulter	_____ Skelett	_____ Kreislauf Ⓡ
_____ Brust	_____ Magen	_____ Stoffwechsel
_____ Bauch Ⓡ	_____ Lunge Ⓡ	_____ Blutdruck Ⓡ
_____ Gesäß Ⓡ	_____ Herz	_____ Geschlecht Ⓡ
_____ Knochen	_____ Herzschlag Ⓡ	_____ Drüse Ⓡ
_____ Muskel	_____ Gehirn Ⓡ	_____ Auge
_____ Sehne Ⓡ	_____ Gehirnfunktion Ⓡ	_____ Ohr
_____ Glied	_____ Atmung Ⓡ	_____ Nase Ⓡ
_____ Arm Ⓡ	_____ Atem	_____ Mund Ⓡ
_____ Bein	_____ Darm Ⓡ	_____ Sinnesorgan

bestimmter Artikel im Nominativ	**bestimmter Artikel im Genitiv, Dativ und Akkusativ**
der – die – das – Kontraktion: an dem = am	des –(e)s / dem – / den – der – / der – / die – des –(e)s / dem – / das –

1. Für die Gesundheit ist es wichtig, _____ Körper (A) zu pflegen. 2. Die Gestalt _____ Körper____ (G) ändert sich von der Kindheit bis ins Alter. 3. Wir müssen _____ Körper (D) regelmäßig gesunde Nahrung zuführen. 4. Die Form _____ Kopf____ (G) und die Gestalt ____ Rumpf____ (G) sind Merkmale unseres Aussehens. 5. Der Arzt prüft _____ Herzschlag (A) und _____ Kreislauf (A); er untersucht _____ Lunge (A), _____ Magen (A) und _____ Herz (A) und er kontrolliert _____ Blutdruck (A). 6. Der Verletzte hatte eine Wunde an _____ Hand (D). 7. Du hast eine Narbe an _____ Bein (D) und an _____ Arm (D). 8. Der Patient hat starke Schmerzen in _____ Schulter (D). 9. Sie hat sich _____ Fuß (A) verletzt. 10. Bei dem Kranken wurde eine Störung _____ Stoffwechsel____ (G) festgestellt. 11. Der Wissenschaftler hat _____ Funktion (A) _____ Gehirn____ (G) erforscht. 12. Wir müssen uns die Biegsamkeit _____ Wirbelsäule (G) durch regelmäßige Bewegung und regelmäßigen Sport möglichst lange erhalten. 13. In der Röntgenaufnahme konnte man die vielen kleinen Knochen _____ Hand (G) und _____ Fuß____ (G) sehen. 14. Ich hatte mir beim Sport _____ Fuß (A) gebrochen. 15. Das Medikament soll _____ Verdauung (A) regeln. 16. Leichte Nahrung tut _____ Magen (D) gut.

2. Kleidung

bestimmter Artikel im Nominativ	unbestimmter Artikel im Nominativ
der –e –	ein –er –
die –e –	eine –e –
das –e –	ein –es –

_____ moderne Anzug	ein moderner Anzug
_____ leichte Jacke Ⓡ	_____ leicht____ Jacke
_____ bunte Kleid	_____ bunt____ Kleid
_____ lange Hose Ⓡ	_____ lang____ Hose
_____ weiße Hemd	_____ weiß____ Hemd
_____ lederne Weste Ⓡ	_____ ledern____ Weste
_____ hübsche Bluse Ⓡ	_____ hübsch____ Bluse
_____ warme Mantel	_____ warm____ Mantel
_____ kurze Rock Ⓡ	_____ kurz____ Rock
_____ wollene Pullover	_____ wollen____ Pullover
_____ rote Anorak	_____ rot____ Anorak
_____ breite Schal Ⓡ	_____ breit____ Schal
_____ große Kopftuch	_____ groß____ Kopftuch

_____ sportliche Schuh ®

_____ schwarze Stiefel

_____ flache Sandale

_____ breite Hut ®

_____ karierte Mütze ®

_____ seidene Strumpf ®

_____ baumwollene Socke ®

_____ sportlich____ Schuh

_____ schwarz____ Stiefel

_____ flach____ Sandale

_____ breit____ Hut

_____ kariert____ Mütze

_____ seiden____ Strumpf

_____ baumwollen____ Socke

bestimmter Artikel im Nominativ	unbestimmter Artikel im Akkusativ
der –e –	einen –en –
die –e –	eine –e –
das –e –	ein –es –

1. Ich kaufe mir _____ modern____ Anzug. 2. Sie hat _____
neu____ Kleid an. 3. Er möchte sich gern _____ ledern____ Weste kaufen.
4. Im Winter trage ich _____ warm____ Mantel. 5. Im Sommer setze ich mir
manchmal _____ breit____ Hut auf. 6. Bindest du dir _____
dick____ Schal um? 7. Ziehst du dir _____ weiß____ Hemd an? 8. Sie bindet
sich _____ groß____ Kopftuch um. 9. Ich brauche _____ lang____
Gürtel. 10. Er hat _____ leicht____ Jacke an. 11. Sie trägt _____
kurz____ Rock. 12. Er trägt _____ lang____ Hose.

3. Lebensmittel und Getränke

bestimmter Artikel im Nominativ	Nominativ ohne Artikel
der –e –	–er –
die –e –	–e –
das –e –	–es –

bei unbestimmten Mengen gebraucht man den Artikel nicht

_____ starke Kaffee

_____ heiße Suppe ®

_____ reife Obst

_____ helle Brot

starker Kaffee

heiß____ Suppe

reif____ Obst

hell____ Brot

_____ frisch gebackene Kuchen	frisch gebacken_____ Kuchen
_____ gebratene Fleisch	gebraten_____ Fleisch
_____ gekochte Fisch ®	gekocht_____ Fisch
_____ ungesalzene Butter	ungesalzen_____ Butter
_____ holländische Käse	holländisch_____ Käse
_____ grüne Salat	grün_____ Salat
_____ italienische Eis	italienisch_____ Eis
_____ persische Reis ®	persisch_____ Reis
_____ frische Quark ®	frisch_____ Quark
_____ süße Gebäck ®	süß_____ Gebäck
_____ gesunde Rohkost	gesund_____ Rohkost
_____ kühle Limonade	kühl_____ Limonade
_____ eiskalte Wasser	eiskalt_____ Wasser
_____ heiße Schokolade	heiß_____ Schokolade
_____ französische Wein ®	französisch_____ Wein
_____ dänische Bier	dänisch_____ Bier
_____ kühle Milch	kühl_____ Milch
_____ chinesische Tee ®	chinesisch_____ Tee
_____ frisch ausgepresste Saft ®	frisch ausgepresst_____ Saft
_____ frische Joghurt	frisch_____ Joghurt

bestimmter Artikel im Nominativ

der –e –
die –e –
das –e –

Akkusativ ohne Artikel

–en –
–e –
–es –

1. Wir müssen viel frisch_____ Obst essen. 2. Im Sommer essen wir gern italienisch_____ Eis. 3. Kinder trinken gern frisch ausgepresst_____ Saft. 4. Möchtest du etwas heiß_____ Suppe essen? 5. Darf ich Ihnen frisch gebacken_____ Kuchen anbieten? 6. Man soll kein eiskalt_____ Wasser trinken. 7. Ich bestelle mir stark_____ Kaffee. 8. Sie trinkt am liebsten chinesisch_____ Tee. 9. Wir essen gebraten_____ Fleisch und grün_____ Salat. 10. Im Restaurant gibt es heute gekocht_____ und gebraten_____ Fisch. 11. Magst du heiß_____ Schokolade? 12. Ich trinke lieber französisch_____ Wein.

bestimmter Artikel im Nominativ	Nominativ ohne Artikel
der –e –	–er –
die –e –	–e –
das –e –	–es –

1. Schwarz____ Tee macht munter. 2. Frisch gebacken____ Brot schmeckt gut. 3. Kühl____ Limonade erfrischt. 4. Grün____ Salat soll gesund sein. 5. Aus der Quelle kommt eiskalt____ Wasser. 6. Italienisch____ Eis schmeckt am besten. 7. Reif____ Obst ist süß und saftig. 8. Heute steht auf der Speisekarte gekocht____ und gebraten____ Fisch. 9. Uns wurde heiß____ Schokolade angeboten. 10. Französisch____ Wein ist immer gut.

4. Was ist in dem Gefäß? Was ist in dem Behälter?

bestimmter Artikel im Nominativ

der –e –
die –e –
das –e –

_____ Flüssigkeit Ⓡ

_____ Benzin

_____ Abfall, _____ Müll Ⓡ

_____ Wein Ⓡ

_____ Wasser

_____ Erdöl

_____ Öl

_____ Milch

_____ Saft Ⓡ

_____ Bier

_____ Gemüse Ⓡ

_____ Mehl

_____ Brot

_____ Obst

_____ Gefäß Ⓡ   (gießen)

_____ Behälter   (füllen)

_____ Tonne Ⓡ   (schütten)

_____ Fass   (füllen)

_____ Eimer   (gießen)

_____ Tank Ⓡ   (füllen)

_____ Kanister   (füllen)

_____ Kanne Ⓡ   (gießen)

_____ Krug Ⓡ   (füllen)

_____ Flasche Ⓡ   (füllen)

_____ Topf Ⓡ   (schütten)

_____ Schüssel   (schütten)

_____ Korb Ⓡ   (legen)

_____ Schale Ⓡ   (legen)

_____ Kaffee

_____ Tee Ⓡ

_____ Limonade

_____ Wäsche Ⓡ

_____ Tasse Ⓡ   (gießen)

_____ Glas   (gießen)

_____ Becher   (gießen)

_____ Koffer   (packen)

bestimmter Artikel im Nominativ	**bestimmter Artikel im Akkusativ**
der –	den –
die –	die –
das –	das –

Kontraktion: in das = ins

1. _____ Flüssigkeit wird in _____ Gefäß gegossen. 2. _____ Benzin wird in _____ Behälter gefüllt. 3. _____ Abfall wird in _____ Tonne geschüttet. _____ Müll wird in _____ Tonne geschüttet. 4. _____ Wein wird in _____ Fass gefüllt. 5. _____ Wasser wird in _____ Eimer gegossen. 6. _____ Erdöl wird in _____ Tank gefüllt. 7. _____ Öl wird in _____ Kanister gefüllt. 8. _____ Milch wird in _____ Kanne gegossen. 9. _____ Saft wird in _____ Krug gefüllt. 10. _____ Bier wird in _____ Flasche gefüllt. 11. _____ Gemüse wird in _____ Topf geschüttet. 12. _____ Mehl wird in _____ Schüssel geschüttet. 13. _____ Brot wird in _____ Korb gelegt. 14. _____ Obst wird in _____ Schale gelegt. 15. _____ Kaffee wird in _____ Tasse gegossen. 16. _____ Tee wird in _____ Glas gegossen. 17. _____ Limonade wird in _____ Becher gegossen. 18. _____ Wäsche wird in _____ Koffer gepackt.

bestimmter Artikel im Nominativ	**bestimmter Artikel im Dativ**
der –	dem –
die –	der –
das –	dem –

Kontraktion: in dem = im

1. Die Flüssigkeit ist im Gefäß. 2. _____ Benzin ist in _____ Behälter. 3. _____ Abfall ist in _____ Tonne. _____ Müll ist in _____ Tonne. 4. _____ Wein ist in _____ Fass. 5. _____ Wasser ist in _____ Eimer. 6. _____ Erdöl ist in _____ Tank. 7. _____ Öl ist in _____ Kanister. 8. _____ Milch ist in _____ Kanne. 9. _____ Saft ist in _____ Krug. 10. _____ Bier ist in _____ Flasche. 11. _____ Gemüse ist in _____ Topf. 12. _____ Mehl ist in _____ Schüssel. 13. _____ Brot ist in _____ Korb. 14. _____ Obst ist in _____ Schale. 15. _____ Kaffee ist in _____ Tasse. 16. _____ Tee ist in _____ Glas. 17. _____ Limonade ist in _____ Becher. 18. _____ Wäsche ist in _____ Koffer.

5. Haushalt

bestimmter Artikel im Nominativ	bestimmter Artikel im Dativ
der –e –	dem –en –
die –e –	der –en –
das –e –	dem –en –

_____ kleine Löffel	mit dem kleinen Löffel
_____ spitze Gabel	mit _____ spitz____ Gabel
_____ scharfe Messer	mit _____ scharf____ Messer
_____ silberne Besteck	mit _____ silbern____ Besteck
_____ neue Geschirr Ⓡ	von _____ neu____ Geschirr
_____ flache Teller	auf _____ flach____ Teller
_____ tiefe Schüssel	in _____ tief____ Schüssel
_____ große Terrine	in _____ groß____ Terrine
_____ zerbrechliche Tasse Ⓡ	aus _____ zerbrechlich____ Tasse
_____ hohe Glas	aus _____ hoh____ Glas
_____ kleine Dose Ⓡ	in _____ klein____ Dose
_____ moderne Staubsauger	mit _____ modern____ Staubsauger
_____ neue Geschirrspüler	mit _____ neu____ Geschirrspüler
_____ große Waschmaschine	in _____ groß____ Waschmaschine
_____ elektrische Herd Ⓡ	auf _____ elektrisch____ Herd

bestimmter Artikel im Nominativ	unbestimmter Artikel im Dativ
der –e –	einem –en –
die –e –	einer –en –
das –e –	einem –en –

1. Möchtest du mit _____ groß___ oder mit _____ klein___ Löffel essen? 2. Wir essen mit _____ spitz___ Gabel und _____ scharf___ Messer. 3. Zu _____ Besteck gehören eine spitze Gabel, ein scharfes Messer, ein großer Löffel und ein kleiner Löffel. 4. Das gebratene Fleisch lag auf _____ flach___ Teller. 5. Suppe isst man aus _____ tief___ Teller. 6. Die Suppe ist in _____ groß___ Terrine. 7. Ich trank den Tee aus

_____ zerbrechlich____ chinesisch____ Tasse. 8. Den Wein trank ich aus _____ hoh____ Glas. 9. Der Zucker ist in _____ klein____ Dose.
10. Mit _____ modern____ Staubsauger kann man den Fußboden leicht saugen.
11. Mit _____ groß____ Waschmaschine brauchen wir nicht so oft zu waschen wie mit _____ klein____ . 12. Wir kochen auf _____ elektrisch____ Herd, nicht auf _____ Gasherd.

6. Möbel

bestimmter Artikel im Nominativ	unbestimmter Artikel im Nominativ
der –e –	ein –er –
die –e –	eine –e –
das –e –	ein –es –

_____ runde Tisch Ⓡ	ein runder Tisch
_____ schöne Lampe Ⓡ	_____ schön____ Lampe
_____ alte Möbelstück	_____ alt____ Möbelstück
_____ neue Stuhl Ⓡ	_____ neu____ Stuhl
_____ bequeme Sessel	_____ bequem____ Sessel
_____ weiche Sofa	_____ weich____ Sofa
_____ große Schrank Ⓡ	_____ groß____ Schrank
_____ breite Regal	_____ breit____ Regal
_____ kleine Schreibtisch Ⓡ	_____ klein____ Schreibtisch
_____ neue Bett	_____ neu____ Bett
_____ hübsche Spiegel	_____ hübsch____ Spiegel
_____ lange Bank	_____ lang____ Bank
_____ hohe Hocker	_____ hoh____ Hocker
_____ alte Klavier	_____ alt____ Klavier
_____ bunte Teppich	_____ bunt____ Teppich

bestimmter Artikel im Nominativ	unbestimmter Artikel im Akkusativ
der –e –	einen –en –
die –e –	eine –e –
das –e –	ein –es –

1. Ich habe einen runden Tisch; _____ rund____ Tisch ist schon alt. 2. Er hat sich _____ schön____ Lampe gekauft; _____ schön____ Lampe steht auf dem Tisch. 3. Sie besitzt _____ alt____ Möbelstück; _____ alt____ Möbelstück ist heute sehr wertvoll. 4. Wir brauchen _____ neu_____ Stuhl; _____ neu____ Stuhl soll vor dem Fernseher stehen. 5. Er hat _____ bequem____ Sessel; _____ bequem____ Sessel war ziemlich teuer. 6. Ich möchte mir _____ weich____ Sofa anschaffen; _____ weich____ Sofa soll aus Leder sein. 7. Wir wollen _____ groß____ Schrank transportieren; _____ groß____ Schrank ist sehr schwer. 8. Für meine Bücher brauche ich _____ breit____ Regal; _____ breit____ Regal muss aber mindestens zwei Meter hoch sein. 9. Mein Freund hat _____ klein____ Schreibtisch; _____ klein____ Schreibtisch gehörte früher seinen Eltern. 10. Ich muss mir _____ neu____ Bett kaufen; _____ neu____ Bett kostet ungefähr DM 400,–. 11. Sie hat _____ hübsch____ Spiegel; _____ hübsch____ Spiegel hängt im Flur. 12. Wir haben _____ lang____ Bank; _____ lang____ Bank steht auf dem Balkon. 13. In meinem Arbeitszimmer habe ich _____ hoh____ Hocker; _____ hoh____ Hocker steht vor dem Regal. 14. Er wünscht sich _____ alt____ Klavier; _____ alt____ Klavier hat in seinem Wohnzimmer Platz. 15. Meine Freunde wollen sich _____ bunt____ Teppich ins Zimmer legen; _____ bunt____ Teppich kommt aus der Türkei.

7. Haus und Wohnung

bestimmter Artikel im Nominativ

der –
die –
das –

_____ Haus

_____ Wohnung Ⓡ

_____ Raum Ⓡ

_____ Zimmer

_____ Korridor, _____ Flur Ⓡ, _____ Diele Ⓡ

_____ Stube Ⓡ

_____ Küche Ⓡ

_____ Bad

_____ Toilette, _____ WC

_____ Balkon

_____ Treppe ®

_____ Stockwerk, _____ Stock ®, _____ Etage

_____ Keller

_____ Boden

_____ Eingang

_____ Garten

bestimmter Artikel im Nominativ	bestimmter Artikel im Akkusativ
der –	den –
die –	die –
das –	das –
Kontraktionen: in das = ins	

1. Wir betreten _____ Haus. 2. Wir besichtigen _____ Wohnung. 3. Ich betrete _____ Raum. 4. Gehst du in _____ Zimmer? 5. Wir gingen durch _____ Korridor (_____ Flur, _____ Diele). 6. Sie betritt _____ Stube. 7. Du bringst das Geschirr in _____ Küche. 8. Ich gehe jetzt in _____ Bad. 9. Er geht in _____ Toilette (_____ WC). 10. Wir gehen hinaus auf _____ Balkon. 11. Sie kamen über _____ hintere Treppe. 12. Wir steigen bis in _____ dritte Stockwerk (_____ dritten Stock, _____ dritte Etage). 13. Ich ging hinunter in _____ Keller. 14. Sie gingen auf _____ Boden. 15. Wir sind durch _____ vorderen Eingang gekommen. 16. Sie betraten _____ Garten.

bestimmter Artikel im Nominativ	bestimmter Artikel im Dativ
der –	dem –
die –	der –
das –	dem –
Kontraktionen: in dem = im, an dem = am	

1. Wir sind im Haus. 2. Ich war in _____ Wohnung. 3. Wir befinden uns in _____ Raum. 4. Warst du in _____ Zimmer? 5. Wir standen in _____ Korridor (_____ Flur, _____ Diele). 6. Er saß in _____ Stube. 7. Ich holte das Geschirr aus _____ Küche. 8. Du warst in _____ Bad. 9. Ich war auf _____ Toilette (_____ WC). 10. Sie saßen auf _____ Balkon. 11. Wir treffen uns oft auf _____ Treppe. 12. Wohnt ihr in _____ dritten Stockwerk (_____ dritten Stock, _____ dritten Etage)? 13. Ich komme gerade aus _____ Keller. 14. Wir waren eben auf _____ Boden. 15. Sie warten an _____ Eingang. 16. Wir saßen in _____ Garten.

8. Gebäude

bestimmter Artikel im Nominativ	unbestimmter Artikel im Nominativ
der –e –	ein –er –
die –e –	eine –e –
das –e –	ein –es –

_____ moderne Bahnhof ®	ein moderner Bahnhof
_____ mittelalterliche Burg	_____ mittelalterlich___ Burg
_____ kleine Haus	_____ klein___ Haus
_____ alte Brücke ®	_____ alt___ Brücke
_____ große Schule ®	_____ groß___ Schule
_____ berühmte Universität ®	_____ berühmt___ Universität
_____ bekannte Hospital	_____ bekannt___ Hospital
_____ hohe Turm ®	_____ hoh___ Turm
_____ prächtige Schloss	_____ prächtig___ Schloss
_____ neue Theater	_____ neu___ Theater
_____ interessante Museum ®	_____ interessant___ Museum
_____ gotische Kirche ®	_____ gotisch___ Kirche
_____ moderne Fabrik ®	_____ modern___ Fabrik
_____ bekannte Hotel	_____ bekannt___ Hotel
_____ halb zerfallene Hütte ®	_____ halb zerfallen___ Hütte
_____ elegante Villa	_____ elegant___ Villa
_____ alte Speicher	_____ alt___ Speicher
_____ berühmte Bauwerk	_____ berühmt___ Bauwerk

bestimmter Artikel im Nominativ	unbestimmter Artikel im Dativ
der –e –	einem –en –
die –e –	einer –en –
das –e –	einem –en –

1. Wir stiegen auf _____ modern___ Bahnhof um. 2. Das Gasthaus befindet sich in _____ mittelalterlich___ Burg. 3. Die Familie wohnt in _____ klein___ Haus auf dem Lande. 4. Wir trafen uns auf _____ alt___ Brücke in

54

einer kleinen süddeutschen Stadt. 5. Sie arbeitet als Deutschlehrerin in _____ groß____ Schule. 6. Ihr Vater war Professor an _____ berührnt____ Universität. 7. Das Virus* wurde in _____ bekannt____ Hospital entdeckt. 8. Wir blickten von _____ hoh____ Turm auf den Rhein. 9. Der Prinz und die Prinzessin lebten in _____ prächtig_____ Schloss. 10. Das moderne Schauspiel wurde in _____ ganz neu____ Theater aufgeführt. 11. Nach der Stadtrundfahrt waren wir noch in _____ sehr interessant____ Museum. 12. Das Konzert findet in _____ klein____ gotisch____ Kirche statt. 13. Er fand in _____ modern____ Fabrik einen neuen Arbeitsplatz. 14. Der Politiker wohnte in München in _____ bekannt____ Hotel. 15. Auf ihrer Bergwanderung übernachteten sie in _____ halb zerfallen____ Hütte. 16. Der Filmstar lebt in Berlin in _____ elegant____ Villa. 17. Das Hamburger Museum der Arbeit veranstaltet eine Ausstellung in _____ alt____ Speicher. 18. Die kostbare Gemäldesammlung soll möglichst in _____ berühmt____ Bauwerk ausgestellt werden.

9. Räume

bestimmter Artikel im Nominativ	unbestimmter Artikel im Genitiv
der –e –	eines –en –(e)s
die –e –	einer –en –
das –e –	eines –en –(e)s

_____ riesige Raum Ⓡ

die Höhe dieses riesigen Raumes

_____ weite Halle Ⓡ

die Akustik dieser weiten Halle

_____ gemütliche Zimmer

die Möbel _____ gemütlich____

Zimmer____

_____ große Saal Ⓡ

die Beleuchtung _____

groß____ Saal____

_____ winzige Stube Ⓡ

das Fenster _____ winzig____

Stube____

_____ moderne Büro Ⓡ

die Klimaanlage _____

modern____ Büro____

_____ alte Laden

die Einrichtung _____ alt____

Laden____

* Auch: der Virus

_____ große Klassenraum Ⓡ   der Fußboden _____ groß____

                                 Klassenraum____

_____ überfüllte Abteil   die Enge _____ überfüllt____

                                 Abteil____

_____ enge Kabine   die Aufteilung _____ eng____

                                 Kabine____

_____ winzige Kammer   die Tür _____ winzig____

                                 Kammer____

_____ kleine Zelle Ⓡ   das Fenster _____ klein____

                                 Zelle____

_____ schmale Gang Ⓡ   die Länge _____ schmal____

                                 Gang____

_____ geräumige Kajüte   die Ausstattung _____

                                 geräumig____ Kajüte____

_____ helle Veranda   die Größe _____ hell____

                                 Veranda____

_____ kleine Nische Ⓡ   die Breite _____ klein____

                                 Nische____

_____ neue Werkstatt   der Eingang _____ neu____

                                 Werkstatt____

_____ staatliche Bibliothek Ⓡ   die Benutzung _____ staatlich____

                                 Bibliothek____

bestimmter Artikel im Nominativ	Artikelwort *dieser* im Genitiv
der –e –	dieses –en –(e)s
die –e –	dieser –en –
das –e –	dieses –en –(e)s

1. Wir standen vor dem Eingang _____ riesig____ Raum____ . 2. Sie saß am Fenster _____ winzig____ Stube. 3. Die Einrichtung _____ alt____ Laden____ kam ins Museum. 4. Wir schwitzten schrecklich in der Enge _____ überfüllt____ Abteil____ . 5. Der Architekt muss die Aufteilung _____ eng____

Kabine genau planen. 6. Neben der Küchentür war noch die Tür _____
klein____ Kammer. 7. Durch das Fenster _____ niedrig____ Zelle blickte man
in einen schönen Garten. 8. Der Lieferwagen hielt vor dem Eingang _____
neu____ Werkstatt. 9. Wir befanden uns in der Mitte _____ riesig____ Zim-
mer____ . 10. Die Benutzung _____ staatlich____ Bibliothek ist meist kostenlos.

10. Flächen

bestimmter Artikel im Nominativ	bestimmter Artikel im Genitiv
der –	des –(e)s
die –	der –
das –	des –(e)s

_____ Kreis ⓡ	der Mittelpunkt des Kreises	
_____ Fläche ⓡ	die Größe _____ Fläche____	
_____ Gebiet ⓡ	die Lage _____ Gebiet____	
_____ Bereich	die Bedeutung _____ Bereich____	
_____ Region ⓡ	die Bevölkerung _____ Region____	
_____ Ebene	die Ausdehnung _____ Ebene____	
_____ Feld	die Fruchtbarkeit _____ Feld____	
_____ Rasen	die Pflege _____ Rasen____	
_____ Beet	die Form _____ Beet____	
_____ Grundstück	der Preis _____ Grundstück____	
_____ Platz ⓡ	der Rand _____ Platz____	
_____ Fußboden	der Belag _____ Fußboden____	
_____ Wand	die Farbe _____ Wand____	
_____ Decke ⓡ	das Material _____ Decke____	
_____ Quadrat ⓡ	der Umfang _____ Quadrat____	
_____ Rechteck	die Diagonale _____ Rechteck____	

bestimmter Artikel im Nominativ	unbestimmter Artikel im Genitiv
der –	eines –(e)s
die –	einer –
das –	eines –(e)s

1. Man kann geometrisch den Mittelpunkt eines Kreises ermitteln. 2. Der Landvermesser stellt die Größe _____ Fläche fest. 3. Die Regierung plant die Besiedlung _____ Gebiet____ . 4. Die Besiedlung _____ Region hängt von ihrer geographischen Lage ab. 5. Die Fruchtbarkeit _____ Feld____ ist vor allem von den Niederschlägen abhängig. 6. Die Pflege _____ Rasen____ ist oft recht mühsam. 7. Der Preis _____ Grundstück____ richtet sich nach der Lage. 8. Den Flächeninhalt _____ Quadrat____ berechnet man aus Länge und Breite. 9. Eine Prüfungsaufgabe war die genaue Konstruktion _____ Rechteck____ . 10. In unserem Garten wollen wir ein Beet in Form _____ Halbkreis____ anlegen.

11. Landschaft

bestimmter Artikel im Nominativ	Artikelwörter *dieser* und *jener* im Nominativ
der –e –	dieser –e – / jener –e –
die –e –	diese –e – / jene –e –
das –e –	dieses –e – / jenes –e –

_____ dunkle Wald Ⓡ

dieser dunkle Wald / jener dunkle Wald

_____ schöne Landschaft Ⓡ

_____ schön____ Land-

schaft /_____ schön____ Landschaft

_____ fruchtbare Land

_____ fruchtbar____

Land / _____ fruchtbar____ Land

_____ waldreiche Gegend

_____ waldreich____

Gegend /_____ waldreich____ Gegend

_____ weite Feld

_____ weit____

Feld / _____ weit____ Feld

_____ blühende Wiese Ⓡ

_____ blühend____

Wiese /_____ blühend____ Wiese

_____ tiefe Tal _____ tief____ Tal / _____
tief____ Tal

_____ hohe Berg Ⓡ _____ hoh____
Berg / _____ hoh____ Berg

_____ sanfte Hügel _____ sanft____
Hügel / _____ sanft____ Hügel

_____ felsige Gebirge Ⓡ _____ felsig____
Gebirge / _____ felsig____ Gebirge

_____ steile Felsen _____ steil____
Felsen / _____ steil____ Felsen

_____ frische Quelle Ⓡ _____ frisch____
Quelle / _____ frisch____ Quelle

_____ klare Bach Ⓡ _____ klar____
Bach / _____ klar____ Bach

_____ breite Fluss Ⓡ _____ breit____
Fluss / _____ breit____ Fluss

_____ gewaltige Strom Ⓡ _____ gewaltig____
Strom / _____ gewaltig____ Strom

_____ weite Mündung Ⓡ _____ weit____
Mündung / _____ weit____ Mündung

_____ tiefe Meer _____ tief____
Meer / _____ tief____ Meer

_____ kleine See Ⓡ _____ klein____
See / _____ klein____ See

_____ weiße Strand Ⓡ _____ weiß____
Strand / _____ weiß____ Strand

_____ flache Küste Ⓡ _____ flach____
Küste / _____ flach____ Küste

_____ steile Ufer _____ steil____
Ufer / _____ steil____ Ufer

_____ unendliche Wüste ®　　　　　_____ unendlich____

　　　　　　　　　　　　　　　Wüste / _____ unendlich____ Wüste

bestimmter Artikel im Nominativ	Artikelwörter *dieser* und *jener* im Akkusativ
der –e –	diesen –en – / jenen –en –
die –e –	diese –e – / jene –e –
das –e –	dieses –e – / jenes –e –

1. Siehst du jen____ dunkl____ Wald? 2. Durch dies____ schön____ Landschaft sind wir ge-
wandert. 3. Um dies____ fruchtbar____ Land wurde in der Geschichte oft gekämpft. 4. Wir
fuhren durch jen____ waldreich____ Gegend. 5. Hast du dies____ weit____ Feld und
jen____ blühend____ Wiese schon fotografiert? 6. Durch jen____ tief____ Tal fließt ein klei-
ner Bach. 7. Seht ihr jen____ hoh____ Berg? 8. Wir wanderten über jen____ flach____ Hü-
gel und dann durch dies____ felsig____ Gebirge. 9. Er wollte auf dies____ steil____ Felsen
klettern. 10. Ich legte mich neben dies____ sprudelnd____ Quelle. 11. Sie wateten durch
jen____ klar____ Bach. 12. Dann kamen sie an dies____ breit____ Fluss. 13. Jen____ ge-
waltig____ Strom können auch große Schiffe befahren. 14. Nach langer Fahrt erreichten sie
dies____ weit____ Mündung. 15. Dies____ flach____ Küste besiedelten die Vorfahren schon
früh. 16. Vom Schiff aus blickten wir auf jen____ steil____ Ufer. 17. Früher durchzogen
große Karawanen dies____ unendlich____ Wüste. 18. Dies____ Berg besteigen viele Tou-
risten, aber auf jen____ Berg klettern nur geübte Bergsteiger.

12. Dorf

bestimmter Artikel im Nominativ	unbestimmter Artikel im Dativ
der –e –	einem –en –
die –e –	einer –en –
das –e –	einem –en –

_____ große Bauernhof ®　　　　　auf einem großen Bauernhof

_____ breite Dorfstraße ®　　　　　auf _____ breit____ Dorfstraße

_____ malerische Dorf　　　　　　in _____ malerisch____ Dorf

_____ schöne Dorfplatz ®　　　　　auf _____ schön____ Dorfplatz

_____ alte Fachwerkhaus　　　　　in _____ alt____ Fachwerkhaus

_____ riesige Scheune ®　　　　　neben _____ riesig____ Scheune

60

_____ moderne Stall Ⓡ	in _____ modern____ Stall
_____ kleine Schuppen	in _____ klein____ Schuppen
_____ blühende Garten	vor _____ blühend____ Garten
_____ grüne Wiese Ⓡ	auf _____ grün____ Wiese
_____ weite Feld	auf _____ weit____ Feld
_____ gepflügte Acker	auf _____ gepflügt____ Acker
_____ tiefe Brunnen	in _____ tief____ Brunnen
_____ schmale Graben	über _____ schmal____ Graben
_____ alte Dorfkirche Ⓡ	vor _____ alt____ Dorfkirche
_____ gemütliche Gasthaus	in _____ gemütlich____ Gasthaus
_____ niedrige Zaun Ⓡ	an _____ niedrig____ Zaun
_____ reiche Ernte Ⓡ	von _____ reich____ Ernte

bestimmter Artikel im Nominativ	unbestimmter Artikel im Dativ (D) oder unbestimmter Artikel im Akkusativ (A)
der –e –	einem –en – / einen –en –
die –e –	einer –en – / eine –e –
das –e –	einem –en – / ein –es –

1. Eine Familie aus _____ groß_____ Stadt (D) verbrachte ihre Ferien auf _____ schön_____ Bauernhof (D). 2. Das malerische Dorf lag in _____ deutsch_____ Mittelgebirge (D). 3. Die Familie wohnte in _____ hübsch____, klein____ Fachwerkhaus (D) neben _____ groß____ Schuppen (D) und _____ modern____ Kuhstall (D). 4. Hinter dem kleinen Fachwerkhaus gab es noch _____ riesengroß____ Scheune (A). 5. Die Kinder gingen täglich auf _____ groß____ , grün____ Wiese (A) und spielten an _____ schmal____ Graben (D), oder sie sprangen über _____ niedrig____ Zaun (A). 6. Es gab dort auch _____ tief____ Brunnen (A); es ist schön, an _____ Brunnen (D) zu stehen und ins dunkle Wasser zu gucken. 7. Das Dorf hatte _____ alt____ Dorfkirche (A) und _____ groß____ Dorfplatz (A). 8. Der Bauer und seine Familie wohnten in _____ modern____ Bauernhaus (D) an _____ breit____ Dorfstraße (D). 9. Vor dem Haus hatten sie _____ blühend____ Garten (A) und hinter dem Hof sah man _____ weit____ , abgeerntet____ Feld (A) und _____ gepflügt____ Acker (A). 10. In diesem Jahr hatte es wieder _____ reich____ Ernte (A) gegeben. 11. Die Kinder staunten über _____ niedlich____ Fohlen (A), das gerade geboren war; aber am liebsten spielten sie mit _____ jung____ Hund (D). 12. Manchmal aß die ganze Familie in _____ alt____ Gasthaus (D).

13. Stadt

bestimmter Artikel im Nominativ	unbestimmter Artikel im Akkusativ
der –e –	einen –en –
die –e –	eine –e –
das –e –	ein –es –

_____ weite Marktplatz Ⓡ

über einen weiten Marktplatz

_____ moderne Großstadt

in _____ modern_____ Großstadt

_____ verkehrsreiche Zentrum Ⓡ

um _____ verkehrsreich_____ Zentrum

_____ modernisierte City

durch _____ modernisiert_____ City

_____ mittelalterliche Stadtkern Ⓡ

um _____ mittelalterlich_____ Stadtkern

_____ breite Straße Ⓡ

über _____ breit_____ Straße

_____ enge Gasse Ⓡ

durch _____ eng_____ Gasse

_____ schattige Allee

in _____ schattig_____ Allee

_____ neue Fußgängerzone Ⓡ

durch _____ neu_____ Fußgängerzone

_____ bequeme Gehweg Ⓡ

über _____ bequem_____ Gehweg

_____ interessante Schaufenster-
bummel

auf _____
interessant_____ Schaufensterbummel

_____ moderne Verkehrsmittel

in _____ modern_____ Verkehrsmittel

_____ schöne Ladenpassage

durch _____ schön_____ Ladenpassage

_____ verkehrsfreie Bezirk

um _____ verkehrsfrei_____ Bezirk

_____ belebte Rathausmarkt Ⓡ

über _____ belebt_____ Rathausmarkt

_____ ruhige Wohngegend

durch _____ ruhig_____ Wohngegend

_____ sanierte Stadtteil ®   durch _____ saniert____ Stadtteil

_____ lange Tunnel   durch _____ lang____ Tunnel

_____ alte Bahnhof ®   um _____ alt____ Bahnhof

_____ starke Verkehr   gegen _____ stark____ Verkehr

_____ gepflegte Park ®   durch _____ gepflegt____ Park

_____ historische Gebäude ®   in _____ historisch____ Gebäude

---

bestimmter Artikel im Nominativ	unbestimmter Artikel im Genitiv, Dativ und Akkusativ
der –e – die –e – das –e –	eines –en –(e)s / einem –en – / einen –en – einer –en – / einer –en – / eine –e – eines –en –(e)s / einem –en – / ein –es –

1. Ich lebe in _____ modern_____ Großstadt (D), aber ich bin in _____ klein____ Dorf (D) geboren. 2. Meine Wohnung liegt in _____ mittelalterlich____ Stadtteil (D). 3. Ich gehe täglich über _____ breit____ Straße (A) und durch _____ eng____ Gasse (A) nach Hause. 4. In _____ verkehrsreich____ Bezirk (D) in der Nähe meiner Wohnung gibt es _____ neu____ Ladenpassage (A). 5. Manchmal mache ich _____ gemütlich____ Schaufensterbummel (A) durch _____ schön____ Fußgängerzone (A) oder durch _____ schattig____ Allee (A). 6. Nicht weit entfernt von meiner Wohnung gibt es in _____ verkehrsfrei____ Teil (D) der Stadt _____ groß____ , gepflegt____ Park (A). 7. Die Straßen und Gehwege _____ modern____ Stadt (G) müssen breit und bequem sein. 8. Die Straßen _____ mittelalterlich____ Stadtteil____ (G) sind oft recht unbequem für Fußgänger. 9. Von meiner Wohnung aus sehe ich den Eingang _____ alt____ Bahnhof____ (G). 10. Die Verkehrsmittel der Stadt sind modern; aber ich fahre nicht mit _____ modern____ Verkehrsmittel (D), sondern mit dem Fahrrad zu meinem Arbeitsplatz. 11. Mein Arbeitsplatz befindet sich in _____ historisch____ Gebäude (D); der Anblick _____ historisch____ Gebäude____ (G) ist immer wieder interessant. 12. Ich weiß nicht, was ich vorziehen soll: Das Leben in _____ groß____ , modern____ Stadt (D) oder das Leben in _____ klein____, ruhig____ Dorf (D).

14. Staat, Regierung, Politik

bestimmter Artikel im Nominativ	bestimmter Artikel im Genitiv
der –e –	des –en –(e)s
die –e –	der –en –
das –e –	des –en –(e)s

_____ demokratische Staat ®

die Führung des demokratischen Staat(e)s

_____ gewählte Regierung ®

die Verantwortung _____ gewählt____ Regierung____

_____ gesamte Parlament ®

der Beschluss _____ gesamt____ Parlament____

_____ neue Hauptstadt

die Wahl _____ neu____ Hauptstadt____

_____ ganze Volk

die Beteiligung _____ ganz____ Volk____

_____ wahlberechtigte Bürger ®

die Meinung _____ wahlberechtigt____ Bürger____

_____ nächste Wahl

das Datum _____ nächst____ Wahl____

_____ politische Kampf ®

das Ergebnis _____ politisch____ Kampf____

_____ wiedergewählte Kanzler ®

die Rede _____ wiedergewählt____ Kanzler____

_____ neue Gesetz ®

die Beantragung _____ neu____ Gesetz____

_____ geltende Recht

die Anwendung _____ geltend____ Recht____

_____ staatsbürgerliche Pflicht

die Befolgung _____ staatsbürgerlich____ Pflicht____

_____ demokratische Verfassung ®

die Kenntnis _____ demokratisch____ Verfassung____

_____ parlamentarische Demokratie ®

die Bedeutung _____ parlamentarisch____ Demokratie____

_____ richtige Politik ®

die Folge _____ richtig____ Politik____

_____ fortschrittliche Partei ®   die Gründung _____ fortschrittlich____
                                     Partei____

_____ weite Bürgerinitiative   die Wirkung _____ weit____
                                     Bürgerinitiative____

_____ staatliche Hilfe ®   die Notwendigkeit _____ staatlich____
                                     Hilfe____

bestimmter Artikel im Nominativ	unbestimmter Artikel im Genitiv
der –e –	eines –en –(e)s
die –e –	einer –en –
das –e –	eines –en –(e)s

1. Als Bürger _____ demokratisch____ Staat____ muss ich politisch informiert sein und meine politische Meinung äußern. 2. Sicherheit und Wohl des Volkes liegen in der Verantwortung _____ gewählt____ Regierung. 3. Nach der politischen Wende wurde die Wahl _____ neu____ Hauptstadt nötig. 4. Es ist nicht nur das Recht _____ wahlberechtigt____ Bürger____ und _____ wahlberechtigt____ Bürgerin, an der Wahl teilzunehmen, sondern im allgemeinen auch eine politische Pflicht. 5. Der Erfolg _____ politisch____ Kampf____ zeigt sich im Wahlergebnis. 6. Die Beantragung _____ neu____ Gesetz____ erfolgt durch eine Parteifraktion. 7. Die Folgen _____ richtig____ Politik zeigen sich oft erst spät. 8. Das neue Umweltschutzgesetz ist die Wirkung _____ weit____ Bürgerinitiative. 9. Die Notwendigkeit _____ staatlich____ Hilfe ergab sich aus der unvorhersehbaren Katastrophe. 10. Die Bedeutung _____ parlamentarisch____ Demokratie liegt in der Beteiligung des Wählers an der Politik.

15. Lage und Situation

bestimmter Artikel im Nominativ	bestimmter Artikel im Genitiv
der –e –	des –en –(e)s
die –e –	der –en –
das –e –	des –en –(e)s

_____ schmale Bach ®   jenseits des schmalen Baches

_____ gute Lage ®   wegen _____ gut____ Lage____

_____ ausgedehnte Gelände ® innerhalb _____ ausgedehnt____ Gelände____

_____ günstige Situation Ⓡ	trotz _____ günstig____ Situation____
_____ laute Verkehr	abseits _____ laut____ Verkehr ___
_____ große Ort Ⓡ	außerhalb _____ groß____ Ort____
_____ alte Stadtkern Ⓡ	innerhalb _____ alt____ Stadtkern____
_____ mittelalterliche Stadtmauer	innerhalb _____ mittelalterlich____ Stadtmauer____
_____ zerfallene Burg	unterhalb _____ zerfallen____ Burg____
_____ kleine Dorf	oberhalb _____ klein____ Dorf____
_____ verkehrsreiche Fahrbahn	jenseits _____ verkehrsreich____ Fahrbahn____
_____ hohe Zaun Ⓡ	jenseits _____ hoh____ Zaun____
_____ dichte Hecke Ⓡ	diesseits _____ dicht____ Hecke____
_____ bewachte Grenze Ⓡ	unweit _____ bewacht____ Grenze____
_____ bekannte Gasthaus	in der Nähe _____ bekannt____ Gasthaus____
_____ bewaldete Hügel	in der Nähe _____ bewaldet____ Hügel____
_____ neue Autobahn	in der Nähe _____ neu____ Autobahn____
_____ tiefe Meer	jenseits _____ tief____ Meer____
_____ kleine See Ⓡ	inmitten _____ klein____ See____
_____ schneebedeckte Gipfel	unterhalb _____ schneebedeckt____ Gipfel____
_____ moderne Hotel	oberhalb _____ modern____ Hotel____
_____ weiße Linie Ⓡ	diesseits _____ weiß____ Linie____
_____ große Kreis Ⓡ	innerhalb _____ groß____ Kreis____
_____ fröhliche Menschenmenge Ⓡ	inmitten _____ fröhlich____ Menschenmenge____

bestimmter Artikel im Nominativ	unbestimmter Artikel im Genitiv
der –e –	eines –en –(e)s
die –e –	einer –en –
das –e –	eines –en –(e)s

1. Jenseits _____ schmal____ Bach____ sah man einen alten Bauernhof. 2. Das Schloss lag innerhalb _____ ausgedehnt____ Waldgebiet____. 3. Außerhalb

_____ groß_____ Stadt findet man oft große Industriegebiete. 4. Der schöne Se(
lag unweit _____ bekannt_____ Gasthaus_____. 5. Oberhalb _____
klein_____ Dorf___ liegt die Jugendherberge. 6. Unterhalb _____ zerfallen_____
Burg sahen wir unser Hotel. 7. Jenseits _____ hoh_____ Zaun_____ wurde eine
neue Sportanlage gebaut. 8. Diesseits _____ dicht_____ Hecke liegt das städti-
sche Schwimmbad. 9. Unsere Freunde wohnen unweit _____ alt_____ Fabrik.
10. Ganz in der Nähe _____ bewaldet_____ Hügel_____ entsteht ein großes Schul-
gelände. 11. Ihre Wohnung liegt leider in der Nähe _____ laut_____ Autobahn.
12. Das Hotel befindet sich auf einer hübschen Insel inmitten _____ klein_____
See_____. 13. Jenseits _____ weiß_____ Linie durfte man nicht parken. 14. Plötz-
lich standen wir inmitten _____ fröhlich_____ Menschenmenge.

16. Sport und Spiel

bestimmter Artikel im Nominativ	Nominativ ohne Artikel
der –e –	–er –
die –e –	–e –
das –e –	–es –

der tägliche Sport ®	täglicher Sport
die große Freude ®	_das_ groß_e_ Freude
das sportliche Spiel	_das_ sportlich_e_ Spiel
der tolle Spaß ®	_der_ toll_e_ Spaß
das harte Training ®	_das_ hart_e_ Training
die regelmäßige Teilnahme	_die_ regelmäßig_e_ Teilnahme
der leichte Sieg ®	_der_ leicht_e_ Sieg
die große Niederlage ®	_die_ groß_e_ Niederlage
der athletische Wettkampf ®	_der_ athletisch_e_ Wettkampf
die körperliche Kraft	_die_ körperlich_e_ Kraft
der fliegende Start ®	_der_ fliegend_e_ Start
das markierte Ziel	_das_ markiert_e_ Ziel
der schnelle Lauf ®	_der_ schnell_e_ Lauf
der hohe Sprung ®	_der_ hoh_e_ Sprung
der weite Wurf ®	_der_ weit_e_ Wurf
der folkloristische Tanz ®	_der_ folkloristisch_e_ Tanz

das jährliche Sportfest

das moderne Sportgerät Ⓡ

die sportliche Fairness

der letzte Spielstand Ⓡ

das neueste Spielergebnis Ⓡ

der unsportliche Ehrgeiz Ⓡ

das jährlich*e* Sportfest

das modern*e* Sportgerät

die sportlich*e* Fairness

der letzt*e* Spielstand

das neu*e* Spielergebnis

das unsportlich*e* Ehrgeiz

bestimmter Artikel im Nominativ	Akkusativ ohne Artikel
der –e –	–en –
die –e –	–e –
das –e –	–es –

1. Der Arzt empfiehlt mir täglich*en* *der* Sport. 2. Sie verbesserte ihre sportlichen Leistungen durch hart*es* Training. 3. Sportliche Spiele machen groß*en* Spaß. 4. Ohne regelmäßig*e* Teilnahme am Training kann man nicht Mitglied einer Mannschaft sein. 5. Durch Spiel und Sport können wir geistig*e* und körperlich*e* Kraft erhalten. 6. Viele Menschen mögen folkloristisch*en* Tanz. 7. Der Sportverein schaffte in diesem Jahr viel modern*e* Sportgerät an. 8. Ohne sportlich*e* Fairness ist kein Spiel möglich. 9. Es ist nicht gut, zuviel sportlich*en* Ehrgeiz zu entwickeln. 10. Gegen diese Mannschaft hatten wir leicht*es* Spiel.

17. Urlaub und Erholung

bestimmter Artikel im Nominativ	bestimmter Artikel im Dativ
der –	dem –
die –	der –
das –	dem –

Kontraktionen	an dem = am
	in dem = im
	bei dem = beim
	von dem = vom
	zu dem = zum
	zu der = zur

_____ Urlaub (in)

_____ Erholung Ⓡ (zu)

_____ Urlaubsziel (an)

im Urlaub

_____ Erholung

_____ Urlaubsziel

_____ Urlaubsort ® (an)   _____ Urlaubsort

_____ Sport ® (bei)   _____ Sport

_____ Spiel (bei)   _____ Spiel

_____ Ruhe ® (zu)   _____ Ruhe

_____ Unterhaltung ® (zu)   _____ Unterhaltung

_____ Genuss (von)   _____ Genuss

_____ Vergnügen (zu)   _____ Vergnügen

_____ Spaß ® (zu)   _____ Spaß

_____ Strand ® (an)   _____ Strand

_____ Meer (an)   _____ Meer

_____ Schatten (in)   _____ Schatten

_____ Berg ® (an)   _____ Berg

_____ Gebirge ® (in)   _____ Gebirge

_____ Wald ® (in)   _____ Wald

_____ Wasser (in)   _____ Wasser

_____ Sand ® (in)   _____ Sand

_____ Schnee ® (in)   _____ Schnee

_____ Regen (in)   _____ Regen

_____ Beruhigung ® (zu)   _____ Beruhigung

_____ Freude ® (zu)   _____ Freude

_____ Anfang (an, von, zu)   _____ Anfang

_____ Ende (an, von, zu)   _____ Ende

bestimmter Artikel im Nominativ

der –
die –
das –

Kontraktionen: an dem = am
               in dem = im
               bei dem = beim
               von dem = vom
               zu dem = zum
               zu der = zur

bestimmter Artikel im Dativ

dem –
der –
dem –

1. _____ Urlaub möchten wir uns von unserer Arbeit erholen. 2. Wir fahren _____ Erholung ans Meer oder ins Gebirge. 3. _____ Urlaubsort mieten wir uns manchmal Fahrräder. 4. Die Zeit vergeht schnell _____ Ballspiel. 5. Keiner verletzte sich _____ Sport. 6. _____ Unterhaltung der Urlaubsgäste gab es ein interessantes kulturelles Programm. 7. Wir bekamen Magenschmerzen _____ vielen Eis. 8. Sie lernten _____ Urlaub Spanisch ohne Ehrgeiz und nur _____ Vergnügen. 9. _____ Strand halte ich mich nie in der Sonne auf, lieber _____ Schatten. 10. Wir machten lange Wanderungen _____ Gebirge. 11. Ich bin gern _____ Gebirge, aber noch lieber _____ Meer. 12. _____ Wald fanden wir Pilze. 13. Kinder spielen gern _____ Wasser und _____ Sand. 14. _____ Spaß verkleideten sie sich. 15. Die Urlauber machten einen Ausflug mit dem Schiff; _____ Anfang herrschte fröhliche Stimmung, doch _____ Ende waren viele Teilnehmer seekrank. 16. Wir haben unseren Urlaub _____ Anfang bis _____ Ende genossen.

18. Eisenbahn

bestimmter Artikel im Nominativ	unbestimmter Artikel im Dativ
der –	einem –
die –	einer –
das –	einem –

_____ Bahnhof Ⓡ	auf	_____	Bahnhof
_____ Bahn	mit	_____	Bahn
_____ Gleis	auf	_____	Gleis
_____ Schiene Ⓡ	auf	_____	Schiene
_____ Zug Ⓡ	in	_____	Zug
_____ Eisenbahnwagen,	in	_____	Eisenbahnwagen,
_____ Waggon		_____	Waggon
_____ Abteil Ⓡ	in	_____	Abteil
_____ Gang Ⓡ	in	_____	Gang
_____ Lokomotive	hinter	_____	Lokomotive
_____ Signal	vor	_____	Signal
_____ Bahnhofshalle Ⓡ	in	_____	Bahnhofshalle
_____ Schalter	an	_____	Schalter
_____ Auskunft,	nach	_____	Auskunft,
_____ Information Ⓡ		_____	Information

_____ Ankunft	bei	_____	Ankunft
_____ Abfahrt	vor	_____	Abfahrt
_____ Bahnsteig Ⓡ	auf	_____	Bahnsteig
_____ Bahnsteigkante Ⓡ	von	_____	Bahnsteigkante
_____ Verspätung Ⓡ	bei	_____	Verspätung
_____ Warteraum Ⓡ	aus	_____	Warteraum
_____ Bahnhofsgaststätte Ⓡ	vor	_____	Bahnhofsgaststätte
_____ Gepäckaufbewahrung Ⓡ	vor	_____	Gepäckaufbewahrung
_____ Gepäckkarre Ⓡ	auf	_____	Gepäckkarre
_____ Schließfach	aus	_____	Schließfach
_____ Fahrplan Ⓡ	in	_____	Fahrplan
_____ Gepäck Ⓡ	mit Gepäck*		
_____ Gepäckstück	in	_____	Gepäckstück

bestimmter Artikel im Nominativ	**bestimmter Artikel im Dativ**
der –	dem –
die –	der –
das –	dem –

Kontraktionen: an dem = am
bei dem = beim
in dem = im
zu dem = zum
zu der = zur

1. Wo geht's denn hier zu _____ Bahnhof? 2. Fährst du gern mit _____ Bahn? 3. Mein Freund ging zu _____ Auskunft, während ich bei _____ Gepäck blieb. 4. Er ging zu _____ Information und erkundigte sich nach _____ Abfahrt des Zuges. 5. Die Reisenden brachten ihr Gepäck zu _____ Gepäckaufbewahrung. 6. Ich hatte meinen Koffer in _____ Schließfach. 7. In _____ Bahnhofshalle gibt es viele Geschäfte. 8. An _____ Schalter bildete sich eine lange Menschenschlange. 9. In _____ Warteraum waren alle Plätze schon besetzt. 10. Viele Reisende warteten auf _____ Bahnsteig. 11. Vorsicht an _____ Bahnsteigkante! 12. In _____ Zug saßen schon einige Fahrgäste. 13. Ich war allein in _____ Abteil. 14. In _____ Gang standen Leute. 15. Ich hatte ein Buch in _____ Gepäck.

* wird nicht mit dem unbestimmten Artikel gebraucht

19. Kraftfahrzeug (Auto)

bestimmter Artikel im Nominativ	unbestimmter Artikel im Genitiv
der –e –	eines –en –(e)s
die –e –	einer –en –
das –e –	eines –en –(e)s

_____ neue Wagen

der Kauf eines neuen Wagens

_____ moderne Karosserie ®

die Form _____ modern____ Karosserie____

_____ gebrauchte Auto ®

der Verkauf _____ gebraucht____ Auto____

_____ schnelle Fahrzeug

die Lenkung _____ schnell____ Fahrzeug____

_____ beliebte Fabrikat ®

die Verkaufsquote _____ beliebt____ Fabrikat____

_____ registrierte Motor ®

die Nummer _____ registriert____ Motor____

_____ moderne Automatik ®

die Bedienung _____ modern____ Automatik____

_____ automatische Gangschaltung ®

die Kontrolle _____ automatisch____ Gangschaltung____

_____ defekte Getriebe ®

die Reparatur _____ defekt____ Getriebe____

_____ abgenutzte Reifen

das Wechseln _____ abgenutzt____ Reifen____

_____ neue Bremsscheibe ®

der Einbau _____ neu____ Bremsscheibe____

_____ starke Scheinwerfer

die Einstellung _____ stark____ Scheinwerfer____

_____ breite Windschutzscheibe ®

die Reinigung _____ breit____ Windschutzscheibe____

_____ dreistufige Scheibenwischer   die Betätigung _____ dreistufig____ Scheibenwischer____

_____ bequeme Fahrersitz ®   die Stellung _____ bequem____ Fahrersitz____

_____ vorgeschriebene Sicherheits-   die Benutzung _____ gurt ®   vorgeschrieben____ Sicherheitsgurt____

_____ tiefe Kofferraum ®   der Inhalt _____ tief____ Kofferraum____

_____ theoretische Fahrprüfung ®   der Termin _____ theoretisch____ Fahrprüfung____

_____ ersehnte Führerschein ®   die Aushändigung _____ ersehnt____ Führerschein____

_____ wichtige Kraftfahrzeugbrief ®   die Aufbewahrung _____ wichtig____ Kraftfahrzeugbrief____

bestimmter Artikel im Nominativ	bestimmter Artikel im Genitiv, Dativ und Akkusativ
der –e –	des –en –(e)s / dem –en – / den –en –
die –e –	der –en – / der –en – / die –e –
das –e –	des –en –(e)s / dem –en – / das –e –

1. Er fuhr mit _____ neu____ Wagen (D) in Urlaub. _____ neu____ Wagen (A) behandelt er sehr sorgfältig. Für die Anschaffung _____ neu____ Wagen____ (G) musste er nämlich lange sparen. 2. Nach _____ Verkauf (D) _____ gebraucht____ Auto____ (G) fuhr ich nur noch mit dem Fahrrad. Mein Nachbar hat mir _____ gebraucht____ Auto (A) abgekauft. Ich hatte mir noch ein Foto von _____ alt____ Auto (D) gemacht. 3. Ein bekannter Designer entwarf _____ modern____ Karosserie (A). Form und Farbe _____ modern____ Karosserie (G) sind sehr unauffällig. Viele Menschen zeigten starkes Interesse an _____ modern____ Gestaltung (D). 4. Durch _____ breit____ Windschutzscheibe (A) hat man einen guten Überblick. Das unzerbrechliche Glas _____ breit____ Windschutzscheibe (G) ist dunkel getönt. 5. Ich musste _____ abgenutzt____ Reifen (A) wechseln lassen; ich durfte mit _____ abgenutzt____ Reifen (D) nicht länger fahren. 6. Die Reparatur _____ defekt____ Getrieb____ (G) dauerte ziemlich lange. 7. Mir gefiel das Modell mit _____ automatisch____ Gangschaltung (D) gut. 8. Sie wartet auf einen Termin für _____ theoretisch____ Fahrprüfung (A). Nach _____ theoretisch____ Fahrprüfung (D) hat sie noch zwei Wochen Zeit, sich auf _____ praktisch____ Fahrprüfung (A) vorzubereiten. Die Durchfallquote _____ praktisch____ Fahrprüfung (G) ist ziemlich hoch.

73

20. Schifffahrt

bestimmter Artikel im Nominativ	bestimmter Artikel im Dativ
der –e –	dem –en –
die –e –	der –en –
das –e –	dem –en –
Kontraktion: an dem = am	
in dem = im	

_____ große Hafen   in dem großen Hafen

_____ internationale Schifffahrt   in   _____ international____ Schifffahrt

_____ moderne Schiff   mit   _____ modern____ Schiff

_____ ausgedehnte Hafenanlage Ⓡ   in   _____ ausgedehnt____ Hafenanlage

_____ bekannte Reederei Ⓡ   bei   _____ bekannt____ Reederei

_____ geschützte Hafeneinfahrt   aus   _____ geschützt____ Hafeneinfahrt

_____ hohe Leuchtturm Ⓡ   an   _____ hoh____ Leuchtturm

_____ mecklenburgische Werft   auf   _____ mecklenburgisch____ Werft

_____ alte Schleuse Ⓡ   aus   _____ alt____ Schleuse

_____ riesige Lagerhalle Ⓡ   in   _____ riesig____ Lagerhalle

_____ hohe Speicher   in   _____ hoh____ Speicher

_____ moderne Container   in   _____ modern____ Container

_____ schlanke Kran Ⓡ   mit   _____ schlank____ Kran

_____ schwere Schlepper   hinter _____ schwer____ Schlepper

_____ starke Kutter   mit   _____ stark____ Kutter

_____ finnische Fähre Ⓡ   mit   _____ finnisch____ Fähre

_____ griechische Tanker   mit   _____ griechisch____ Tanker

_____ alte Dampfer   auf   _____ alt____ Dampfer

_____ bewegliche Kai Ⓡ   an   _____ beweglich____ Kai

_____ lange Mole Ⓡ   an   _____ lang____ Mole

_____ offene Meer   auf   _____ offen____ Meer

_____ wichtige Seeweg Ⓡ   auf   _____ wichtig____ Seeweg

bestimmter Artikel im Nominativ	bestimmter Artikel im Genitiv, Dativ und Akkusativ
der –e –	des –en –(e)s / dem –en – / den –en –
die –e –	der –en – / der –en – / die –e –
das –e –	des –en –(e)s / dem –en – / das –e –

Kontraktionen: in dem = im
                 von dem = vom

1. In _____ international____ Schifffahrt (D) hat sich der Transport mit Containern seit langem durchgesetzt. Die moderne Technik hat _____ international____ Schifffahrt (A) entscheidend verändert. Die Entwicklung _____ international____ Schifffahrt (G) war immer von großer Bedeutung für den Welthandel. 2. Das bekannte Schiff lag drei Tage zur Besichtigung in _____ groß____ Hafen (D). Nach langer Reise kehrte das Schiff in _____ groß____ Hafen (A) seiner Heimat zurück. Wir gingen bei Sonnenuntergang über die Mole _____ groß____ Hafen____ (G). 3. Auf _____ modern____ Schiff (D) arbeitete eine internationale Mannschaft. Wir besichtigten _____ modern____ Schiff (A) im Hamburger Hafen. Die Fahrgäste fühlten sich an Bord _____ modern____ Schiff____ (G) sehr wohl. 4. Wir fuhren mit _____ finnisch____ Fähre (D) „Finnjet" von Travemünde nach Helsinki. Am Skandinavien-Kai in Travemünde fotografierten wir _____ finnisch____ Fähre (A). Vom Auto aus sahen wir den Liegeplatz _____ finnisch____ Fähre (G). 5. Wir staunten über die Höhe _____ schlank____ Kran____ (G). 6. Die Besichtigung _____ ausgedehnt____ Hafenanlage (G) dauerte fast den ganzen Tag. 7. Wir fuhren mit _____ schwer____ Kutter (D) auf Fischfang. 8. Der Bau des Suez-Kanals verkürzte entscheidend _____ wichtig____ Seeweg (A) von Europa nach Indien. 9. Wir schauten von _____ hoh____ Speicher (D) über _____ weit____ Hafenanlage (A). 10. Das Schiff kam langsam von _____ offen____ Meer (D) auf _____ breit____ Hafeneinfahrt (A) zu.

21. Luftfahrt

bestimmter Artikel im Nominativ	bestimmter Artikel im Genitiv
der –	des –(e)s
die –	der –
das –	des –(e)s

_____ Luftweg Ⓡ	die Sicherheit des Luftweges
_____ Luftfahrt	die Entwicklung _____ Luftfahrt____
_____ Flugzeug	der Start _____ Flugzeug____
_____ Maschine	die Wartung _____ Maschine____

75

_____ Flug ®   die Dauer _____ Flug____

_____ Flugverkehr   die Dichte _____ Flugverkehr____

_____ Luftraum ®   die Kontrolle _____ Luftraum____

_____ Flughafen   der Bau _____ Flughafen____

_____ Kontrollturm ®,   die Lage _____ Kontrollturm____,

_____ Tower   _____ Tower____

_____ Sicherheitskontrolle   die Durchführung _____ Sicherheits-

                                 kontrolle____

_____ Rollbahn   die Länge _____ Rollbahn____

_____ Wartehalle ®   die Größe _____ Wartehalle____

_____ Landung ®   die Verspätung _____ Landung____

_____ Abflug ®, _____ Start ®   die Verzögerung _____ Abflug____,

                                 _____ Start____

_____ Flugpersonal   die Arbeit _____ Flugpersonal____

_____ Pilot ®   die Verantwortung _____ Pilot____ (!)

_____ Stewardess ®   die Aufgabe _____ Stewardess____

_____ Fluggast ®   die Beförderung _____ Fluggast____

bestimmter Artikel im Nominativ	bestimmter Artikel im Genitiv, Dativ und Akkusativ
der –	des –(e)s / dem – / den –
die –	der – / der – / die –
das –	des –(e)s / dem – / das –

Kontraktionen: in dem = im
                bei dem = beim
                zu dem = zum

1. Personen und Frachten werden auf Straße und Schiene, auf _____ Seeweg (D) und auf _____ Luftweg (D) befördert. Viele Reisende bevorzugen heute _____ Luftweg (A) vor Schiene und Straße. Der Flugpreis hängt von der Länge _____ Luftweg____ (G) ab. 2. Die Fluggäste werden mit einem Bus zu _____ Flugzeug (D) gebracht. Die Fluggäste verlassen _____ Flugzeug (A) über eine Rolltreppe. Die Fluggesellschaften garantieren ständige Kontrolle, Wartung und Pflege _____ Flugzeug____ (G). 3. Vor _____ Abflug (D) und bei _____ Ankunft (D) werden die Fluggäste aus Sicherheitsgründen kontrolliert. Die Verwaltung _____ Flughafen____ (G) informiert rechtzeitig über _____ Ankunft (A)

eines Flugzeuges. Ebenso wird eine Verzögerung _____ Ankunft (G) bekannt gegeben.
4. In _____ Luftraum (D) gelten strenge Flugbestimmungen. Radargeräte beobachten
ständig _____ Luftraum (A). Die ständige Kontrolle _____ Luftraum___ (G) dient der
Flugsicherheit. 5. Bei _____ Start (D) und vor _____ Landung (D) müssen sich die
Fluggäste anschnallen. Viele Menschen beobachten gern _____ Start (A) und _____
Landung (A) eines Flugzeuges. Eine Verzögerung _____ Start___ (G) und eine Verspä-
tung _____ Landung (G) wird in _____ Wartehalle (D) über Lautsprecher und an Aus-
kunftstafeln bekanntgegeben. 6. Auf langen Flügen werden _____ Fluggast (D) Speisen
und Getränke angeboten. Besondere Züge und Busse bringen _____ Fluggast (A) in man-
chen Städten zu _____ Flughafen (D). Die Betreuung _____ Fluggast___ (G) während
_____ Flug___ (G) ist die Aufgabe einer Stewardess.

22. Weltraum

bestimmter Artikel im Nominativ	bestimmter Artikel im Genitiv
der –	des –(e)s
die –	der –
das –	des –(e)s

_____ Planet Ⓡ	die Beobachtung des Planeten (!)
_____ Welt	die Entstehung _____ Welt___
_____ Universum Ⓡ	die Erforschung _____ Universum___
_____ Weltraum Ⓡ	die Unermesslichkeit _____ Weltraum___
_____ Weltsystem	die Darstellung _____ Weltsystem___
_____ Gestirn Ⓡ	die Größe _____ Gestirn___
_____ Erde Ⓡ	die Anziehungskraft _____ Erde___
_____ Sonne Ⓡ	das Licht _____ Sonne___
_____ Mond Ⓡ	die Entfernung _____ Mond___
_____ Stern Ⓡ	das Leuchten _____ Stern___
_____ Satellit	die Geschwindigkeit _____ Satellit___ (!)
_____ Atmosphäre	die Schutzfunktion _____ Atmosphäre___
_____ Schwerkraft	die Wirkung _____ Schwerkraft___
_____ Weltraumforschung Ⓡ	das Ergebnis _____ Weltraumforschung___
_____ Raumforscher Ⓡ	der Erfolg _____ Raumforscher___

_____ Raumfahrt	die Entwicklung _____ Raumfahrt____
_____ Raumschiff	die Besatzung _____ Raumschiff____
_____ Rakete	der Abschuss _____ Rakete____
_____ Weltall	die Unendlichkeit _____ Weltall____

bestimmter Artikel im Nominativ	bestimmter Artikel im Genitiv
der –	des –(e)s
die –	der –
das –	des –(e)s

1. Es gibt unterschiedliche Theorien über die Entstehung _____ Welt. 2. Die Unendlichkeit _____ Weltraum____ ist für uns Menschen nicht vorstellbar. 3. Die bildlichen Darstellungen _____ Weltsystem____ nach Ptolomäus und Kopernikus an der Bibliothek der Universität von Mexiko sind sehr bekannt geworden. 4. Die Erforschung _____ Universum____ erfordert riesige Geldsummen. 5. Eine Weltraumrakete braucht eine bestimmte hohe Geschwindigkeit um die Anziehungskraft _____ Erde zu überwinden. 6. In einer bestimmten Entfernung von der Erde ist die Wirkung _____ Schwerkraft aufgehoben. 7. Das Leben auf unserem Planeten wird erst durch das Licht und die Wärme _____ Sonne möglich. 8. Die Landung _____ Raumschiff____ auf dem Mond konnte man im Fernsehen beobachten. 9. Die Entwicklung _____ Raumfahrt hat die Herstellung von neuen Materialien nötig gemacht, die wir heute auch im Alltag benutzen. 10. Das Buch _____ bekannten Weltraumforscher____ wurde in viele Sprachen übersetzt.

23. Schule und Universität

bestimmter Artikel im Nominativ	bestimmter Artikel im Dativ
der –	dem –
die –	der –
das –	dem –
Kontraktionen: in dem = im	
zu der = zur	

_____ Unterricht	in _____ Unterricht
_____ Schule Ⓡ	zu _____ Schule
_____ Unterrichtsfach	in _____ Unterrichtsfach
_____ Schulpflicht	nach _____ Schulpflicht

_____ Lehre ®	in _____ Lehre
_____ Universität ®	an _____ Universität
_____ Ausbildung ®	vor _____ Ausbildung
_____ Schuljahr	nach _____ Schuljahr
_____ Semester	in _____ Semester
_____ Forschung ®	in _____ Forschung
_____ Bildung ®	in _____ Bildung
_____ Abschluss ®	nach _____ Abschluss
_____ Prüfung ®	vor _____ Prüfung
_____ Examen	in _____ Examen
_____ Zensur ®	mit _____ Zensur
_____ Note ®	mit _____ Note
_____ Zeugnis ®	in _____ Zeugnis
_____ Diplom ®	mit _____ Diplom
_____ Wissen ®	mit _____ Wissen
_____ Kenntnis ®	mit _____ Kenntnis
_____ Klasse ®	aus _____ Klasse
_____ Hörsaal ®	in _____ Hörsaal
_____ Labor	in _____ Labor
_____ Kurs ® , _____ Kursus ®	nach _____ Kurs, _____ Kursus

bestimmter Artikel im Nominativ	bestimmter Artikel im Genitiv, Dativ und Akkusativ
der –	des –(e)s / dem – / den –
die –	der – / der – / die –
das –	des –(e)s / dem – / das –

Kontraktionen: an dem = am
in dem = im
zu dem = zum
zu der = zur

1. Sie geht zweimal wöchentlich zu _____ Englischunterricht (D). Sie beteiligt sich mit großem Interesse an _____ Unterricht (D). _____ Unterricht (A) gibt eine Lehrerin aus London. 2. Die Schüler gehen täglich – außer am Wochenende – zu _____ Schule (D).

An _____ Schule (D) gibt es zwei Fremdsprachen: Englisch und Französisch. Der Leiter _____ Schule (G) ist noch jung. 3. Der Student studiert an _____ Hamburger Universität (D). Er fährt mit dem Bus zu _____ Universität (D). Einige Institute _____ Universität (G) liegen in der Nähe des Stadtzentrums. 4. Nach _____ vierten Schuljahr (D) _____ Grundschule (G) kann man ins Gymnasium gehen. Der Junge besucht jetzt _____ neunte Schuljahr (A) _____ Hauptschule (G). 5. Er macht _____ Hauptschulabschluss (A). Nach _____ Hauptschulabschluss (D) geht er in eine handwerkliche Ausbildung und in _____ Berufsschule (A). Wenn er _____ Ausbildung (A) beendet hat, arbeitet er als Geselle in einem handwerklichen Beruf. 6. Die Studenten bereiten sich auf _____ letzte Examen (A) _____ Ausbildung (G) vor. Vor _____ Examen (D) müssen die Studenten besonders intensiv lernen. Nach _____ Examen (D) an _____ Universität (D) beginnt meist die letzte Ausbildungsphase in der Berufspraxis. 7. In _____ Schulklasse (D) sind 25 Schülerinnen und Schüler. Die Schülerinnen und Schüler _____ Klasse (G) sind 14 bis 15 Jahre alt. Kürzlich ist ein neuer Schüler in _____ Klasse (A) gekommen. 8. In _____ Hörsaal (D) _____ Universität (G) sitzen oft über hundert Studenten. Zwei Türen führen in _____ Hörsaal (A). Die Einrichtung _____ Hörsaal___ (G) ist neu. 9. Der Schüler zeigt seinem Vater _____ Zeugnis (A). In _____ Zeugnis (D) steht die Zensur _____ Unterrichtsfach___ (G) und ein kurzer Bericht über die Leistungen _____ Schüler___ (G). Eine Kopie _____ Abschlusszeugnis___ (G) schickt der Schüler zusammen mit einer Bewerbung und dem Lebenslauf an eine Firma.

24. Mathematik

bestimmter Artikel im Nominativ	Artikelwörter *dieser, jener, jeder, derselbe, irgendein, kein* im Dativ
der –	diesem –, jenem –, jedem –, demselben –, irgendeinem –, keinem –
die –	dieser –, jener –, jeder –, derselben –, irgendeiner –, keiner –,
das –	diesem –, jenem –, jedem –, demselben –, irgendeinem –, keinem –

_____ Mathematiker ®	von diesem Mathematiker
_____ Ergebnis ®	von jen___ Ergebnis
_____ Resultat ®	mit dies___ Resultat
_____ Zahl	von derselb___ Zahl
_____ Ziffer	hinter jed___ Ziffer
_____ Nummer	unter derselb___ Nummer
_____ Aufgabe	in kein___ Aufgabe

_____ Menge ®	aus irgendein____ Menge
_____ Gleichung ®	in kein____ Gleichung
_____ Symbol ®	mit dies____ Symbol
_____ Bruch ®	von jen____ Bruch
_____ Bruchstrich ®	unter jed____ Bruchstrich
_____ Zähler	mit dies____ Zähler
_____ Nenner	mit jed____ Nenner
_____ Dezimalzahl	in jen____ Dezimalzahl
_____ Komma	nach jed____ Komma
_____ Summe ®	von derselb____ Summe
_____ Differenz ®	aus dies____ Differenz
_____ Subtraktion ®	nach dies____ Subtraktion
_____ Rechenoperation ®	in derselb____ Rechenoperation
_____ Regel	nach irgendein____ Regel
_____ Gesetz ®	nach jen____ Gesetz
_____ Addition ®	in derselb____ Addition
_____ Multiplikation ®	bei kein____ Multiplikation
_____ Division ®	nach jen____ Division
_____ Wurzel	in dies____ Wurzel
_____ Abzug ®	nach jen____ Abzug

bestimmter Artikel im Nominativ	Artikelwörter *dieser, jener, jeder, derselbe, irgendein, kein* im Dativ
der –	diesem –, jenem –, jedem –, demselben –, irgendeinem –, keinem –
die –	dieser –, jener –, jeder –, derselben –, irgendeiner –, keiner –,
das –	diesem –, jenem –, jedem –, demselben –, irgendeinem –, keinem –

1. Mit welch____ Zahl muss man diese Summe multiplizieren? 2. Von dies____ Zahl muss man noch zehn Prozent subtrahieren. 3. In jed____ Aufgabe sollen die Brüche in Dezimalzahlen umgerechnet werden. 4. Sind hier in irgendein____ Gleichung zwei unbekannte Größen? Nein, in jed____ Gleichung ist nur eine Unbekannte. 5. In jen____ Bruch ist der

Zähler größer als der Nenner. 6. In dies____ Ergebnis scheint ein Fehler zu stecken. 7. Hier muss man nach jed____ Rechnung die Probe machen. 8. Vor dies____ Komma stehen drei Dezimalstellen. 9. Wie heißt das Ergebnis aus dies____ Wurzel? 10. Nach jen____ Abzug von 35 Prozent erhält man die Nettosumme. 11. Aus dies____ Differenz zwischen den beiden Summen erhältst du das endgültige Ergebnis. 12. Unter dies____ Telefonnummer erreichst du mich vormittags.

25. Wirtschaft

bestimmter Artikel im Nominativ	**Artikelwort *dieser* im Nominativ**
der –	dieser –
die –	diese –
das –	dieses –

_____ Wirtschaftsplan ®	dieser Wirtschaftsplan
_____ Wirtschaftsform	_____ Wirtschaftsform
_____ Wirtschaftssystem	_____ Wirtschaftssystem
_____ Planwirtschaft ®	_____ Planwirtschaft
_____ Arbeit	_____ Arbeit
_____ Kapital	_____ Kapital
_____ Produktionsmittel	_____ Produktionsmittel
_____ Dienstleistung ®	_____ Dienstleistung
_____ Produktion ®	_____ Produktion
_____ Produkt	_____ Produkt
_____ Erzeugnis ®	_____ Erzeugnis
_____ Markt ®	_____ Markt
_____ Handel	_____ Handel
_____ Gewerbe ®	_____ Gewerbe
_____ Geld	_____ Geld
_____ Vermögen ®	_____ Vermögen
_____ Gewinn	_____ Gewinn
_____ Verlust	_____ Verlust
_____ Angebot	_____ Angebot

_____ Nachfrage ®   _____ Nachfrage

_____ Ware ®   _____ Ware

_____ Einnahme   _____ Einnahme

_____ Ausgabe   _____ Ausgabe

_____ Steuer   _____ Steuer

_____ Umsatz ®   _____ Umsatz

bestimmter Artikel im Nominativ	**Relativpronomen im Nominativ**
der –	der –
die –	die –
das –	das –

1. _____ Arbeit, _____ wir leisten, wird nach Tarif bezahlt. 2. _____ Kapital, _____ erwirtschaftet wird, soll für eine Betriebserweiterung eingesetzt werden. 3. _____ Gewinn, _____ durch die Veranstaltung erzielt wird, wird für wohltätige Zwecke benutzt. 4. _____ Geld, _____ nicht ausgegeben wird, soll gespart werden. 5. _____ Steuer, _____ der Staat für öffentliche Ausgaben braucht, wird vom monatlichen Einkommen abgezogen. 6. _____ Produkt, _____ in diesem Betrieb erzeugt wird, ist für den Export bestimmt. 7. Den Preis regelt _____ Nachfrage, _____ nach einer bestimmten Ware besteht. 8. *Soziale Marktwirtschaft* nennt man _____ Wirtschaftsform, _____ in unserem Land herrscht. 9. _____ Ware, _____ auf dem Markt angeboten wird, muss dem Bedürfnis, dem Geschmack und dem Einkommen des Käufers entsprechen. 10. _____ Dienstleistung, _____ in Anspruch genommen wird, muss entsprechend bezahlt werden.

26. Medizin

bestimmter Artikel im Nominativ	**unbestimmter Artikel im Nominativ**
der –e –	ein –er –
die –e –	eine –e –
das –e –	ein –es –

_____ Patient ®   ein geheilter Patient

_____ Medizin   _____ stark____ Medizin

_____ Medikament ®   _____ rezeptpflichtig____

                              Medikament

_____ Hilfe ®   _____ schnell____ Hilfe

_____ Operation ®	_____ dringend___ Operation
_____ Heilprozess	_____ langsam___ Heilprozess
_____ Tablette	_____ schwer verträglich___ Tablette
_____ Pille ®	_____ winzig___ Pille
_____ Mittel	_____ wirksam___ Mittel
_____ Salbe ®	_____ wohltuend___ Salbe
_____ Spritze ®,	_____ schmerzhaft___
_____ Injektion ®	Spritze, _____ schmerzhaft___ Injektion
_____ Symptom ®	_____ bekannt___ Symptom
_____ Diagnose	_____ sicher___ Diagnose
_____ Therapie ®	_____ erfolgreich___ Therapie
_____ Schmerz ®	_____ unerträglich___ Schmerz
_____ Diät ®	_____ streng___ Diät
_____ Hospital	_____ modern___ Hospital
_____ Klinik ®	_____ privat___ Klinik
_____ Krankenversicherung ®	_____ freiwillig___ Krankenversicherung
_____ Krankenschein ®	_____ gültig___ Krankenschein
_____ Untersuchung ®	_____ ärztlich___ Untersuchung
_____ Krankenhausaufenthalt	_____ dreiwöchig___ Krankenhausaufenthalt
_____ Krankenpflege ®	_____ sorgfältig___ Krankenpflege
_____ Apotheke	_____ alt___ Apotheke

bestimmter Artikel im Nominativ	**unbestimmter Artikel im Genitiv, Dativ, und Akkusativ**
der –e –	eines –en –(e)s / einem –en – / einen –en –
die –e –	einer –en – / einer –en – / eine –e –
das –e –	eines –en –(e)s / einem –en – / ein –es –

1. Der Arzt kontrolliert den Gesundheitszustand _____ geheilt____ Patienten (G). 2. Der Kranke musste _____ stark____ Medizin (A) nehmen. 3. Ich kaufte in der Apotheke _____ rezeptpflichtig____ Medikament (A) gegen eine Allergie. 4. Die Besserung meines Gesundheitszustandes verdanke ich _____ winzig____ Pille (D). 5. Kennst du _____ wirksam____ Mittel (A) gegen Prüfungsangst? 6. Sein Arzt stellte _____ sicher____ Diagnose (A). 7. Er bekam _____ neu____, erfolgreich____ Therapie (A) verordnet. 8. Plötzlich spürte ich _____ heftig____ Schmerz (A) im Rücken. 9. Die Ärztin verordnete der Patientin _____ ganz streng____ Diät (A). 10. Die Verletzten wurden in _____ modern____ Hospital (D) behandelt. 11. Er lag in einem Einzelzimmer _____ privat____ Klinik (G). 12. Bist du pflichtversichert, oder hast du _____ freiwillig____ Krankenversicherung (A)? 13. Beim Arztbesuch muss ich _____ gültig____ Krankenschein (A) vorlegen. 14. Er ist der Besitzer _____ alt____ Apotheke (G). 15. Nach _____ dreiwöchig____ Krankenhausaufenthalt (D) war sie wieder völlig gesund.

27. Musik

bestimmter Artikel im Nominativ	Artikelwörter *welcher* und *was für ein* im Nominativ
der –	welcher –? / was für ein –?
die –	welche –? / was für eine –?
das –	welches –? / was für ein –?

_____ Ton ®	welcher Ton?/was für ein Ton?
_____ Musik ®	_____ Musik?/was für
	_____ Musik?
_____ Konzert	_____ Konzert?/was für
	_____ Konzert?
_____ Kunst	_____ Kunst?/was für
	_____ Kunst?
_____ Klang ®	_____ Klang?/was für
	_____ Klang?
_____ Takt ®	_____ Takt?/was für
	_____ Takt?
_____ Rhythmus ®	_____ Rhythmus?/was für
	_____ Rhythmus?

_____ Melodie ®	_____ Melodie?/was für	
	_____ Melodie?	
_____ Lautstärke ®	_____ Lautstärke?/was für	
	_____ Lautstärke?	
_____ Tempo ®	_____ Tempo?/was für	
	_____ Tempo?	
_____ Note ®	_____ Note?/was für	
	_____ Note?	
_____ Musikinstrument ®	_____ Musikinstrument?/was für	
	_____ Musikinstrument?	
_____ Orchester	_____ Orchester?/was für	
	_____ Orchester?	
_____ Chor ®	_____ Chor?/was für	
	_____ Chor?	
_____ Werk	_____ Werk?/was für	
	_____ Werk?	
_____ Symphonie ® (Sinfonie)	_____ Symphonie?/was für	
	_____ Symphonie?	
_____ Oper	_____ Oper?/was für	
	_____ Oper?	
_____ Musical	_____ Musical?/was für	
	_____ Musical?	
_____ Lied	_____ Lied?/was für	
	_____ Lied?	
_____ Gesang ®	_____ Gesang?/was für	
	_____ Gesang?	
_____ Stimme ®	_____ Stimme?/was für	
	_____ Stimme?	
_____ Tanz ®	_____ Tanz?/was für	
	_____ Tanz?	

_____ Ballett	_____ Ballett?/was für
	_____ Ballett?
_____ Tonband	_____ Tonband?/was für
	_____ Tonband?
_____ Schallplatte ⓡ	_____ Schallplatte?/was für
	_____ Schallplatte?
_____ CD	_____ CD?/was für
	_____ CD?

bestimmter Artikel im Nominativ	Artikelwörter *welcher* und *was für ein* im Akkusativ
der –	welchen –? / was für einen –?
die –	welche –? / was für eine –?
das –	welches –? / was für ein –?

1. Welch_____ Beethoven-Symphonie werden wir heute hören? Die dritte Symphonie. 2. Was für _____ Symphonie spielen die Philharmoniker heute Abend? Irgendeine romantische. 3. Welch_____ Werk soll ich dir leihen? Das auf deiner neuen CD. 4. Was für _____ Werk willst du jetzt mitnehmen? Irgendein modernes. 5. Welch_____ Orchester hast du gehört? Das Rundfunk-Symphonie-Orchester. 6. Was für _____ Orchester wird er dirigieren? Ein Jugendorchester. 7. Welch_____ Chor habt ihr gehört? Den Opernchor. 8. Was für _____ Chor möchtet ihr jetzt noch hören? Einen Kinderchor. 9. Welch_____ Tanz führt die Tanzgruppe heute auf? Den spanischen. 10. Was für _____ Tanz sollen wir dann für euch aufführen? Irgendeinen Folkloretanz. 11. Welch_____ Klavierstück von Mozart wirst du jetzt spielen? Den Türkischen Marsch. 12. Was für _____ Stück soll ich euch vorspielen? Irgendeinen Walzer.

28. Malerei

bestimmter Artikel im Nominativ	Artikelwort *irgendein* im Nominativ
der –	irgendein –
die –	irgendeine –
das –	irgendein –
_____ Stil ⓡ	irgendein Stil
_____ Malerei ⓡ	_____ Malerei
_____ Bild	_____ Bild

_____ Gemälde ®		_____ Gemälde
_____ Zeichnung ®		_____ Zeichnung
_____ Graphik ®		_____ Graphik
_____ Druck ®		_____ Druck
_____ Aquarell		_____ Aquarell
_____ Kopie ®		_____ Kopie
_____ Holzschnitt ®		_____ Holzschnitt
_____ Kupferstich ®		_____ Kupferstich
_____ Stillleben		_____ Stillleben
_____ Fresko ®		_____ Fresko
_____ Bildnis ®		_____ Bildnis
_____ Porträt		_____ Porträt
_____ Farbe ®		_____ Farbe
_____ Licht		_____ Licht
_____ Schatten		_____ Schatten
_____ Strich ®		_____ Strich
_____ Tusche ®		_____ Tusche
_____ Kreide ®		_____ Kreide
_____ Pinsel		_____ Pinsel
_____ Kontur ®		_____ Kontur
_____ Leinwand		_____ Leinwand

bestimmter Artikel im Nominativ	**Artikelwort *irgendein* im Genitiv, Dativ und Akkusativ**
der –	irgendeines –(e)s / irgendeinem – / irgendeinen –
die –	irgendeiner – / irgendeiner – / irgendeine –
das –	irgendeines –(e)s / irgendeinem – / irgendein –

1. Die Studenten sollten irgend_____ Stil (A) genau erklären. 2. Ich möchte mir die Kopie irgend_____ modernen Bild____ (G) kaufen. 3. Auf irgend_____ Gemälde (D) sah man im Hintergrund die Silhouette der norddeutschen Stadt Greifswald. 4. Wir wollen unserem Freund irgend_____ Graphik (A)

schenken. 5. Irgend_____ Kupferstich (A) von Dürer wirst du ja wohl wiedererkennen. 6. Er sprach begeistert von irgend_____ Fresko (D), das er in Italien entdeckt hatte. 7. Die Farbe irgend_____ bekannten Porträt____ (G) soll stark nachgedunkelt sein. 8. Auf irgend_____ alten Zeichnung (D) sah ich mein Elternhaus. 9. Gib mir bitte irgend_____ Pinsel (A). 10. Ich werde mir von der Reise irgend_____ schönen Holzschnitt (A) mitbringen.

Hier können auch weitere Artikelwörter eingesetzt werden, z. B. *dieser, jener, jeder, mancher, kein* oder *welcher.*

29. Bildhauerei, Plastik

bestimmter Artikel im Nominativ	**Artikelwort *dieser* im Dativ**
der –	diesem –
die –	dieser –
das –	diesem –

_____ Stein ®	aus diesem Stein
_____ Form	in _____ Form
_____ Objekt	mit _____ Objekt
_____ Figur ®	an _____ Figur
_____ Plastik ®	von _____ Plastik
_____ Skulptur ®	mit _____ Skulptur
_____ Statue	an _____ Statue
_____ Relief	in _____ Relief
_____ Torso	an _____ Torso
_____ Denkmal	mit _____ Denkmal
_____ Keramik ®	an _____ Keramik
_____ Material	aus _____ Material
_____ Gips ®	aus _____ Gips
_____ Marmor ®	aus _____ Marmor
_____ Granit	aus _____ Granit
_____ Metall	aus _____ Metall
_____ Ton ®	aus _____ Ton

_____ Töpferscheibe Ⓡ	auf _____ Töpferscheibe
_____ Stichel	mit _____ Stichel
_____ Hammer	mit _____ Hammer
_____ Werkzeug	mit _____ Werkzeug
_____ Bildhauer Ⓡ	von _____ Bildhauer
_____ Pop Art	mit _____ Pop Art
_____ Museum Ⓡ	in _____ Museum

bestimmter Artikel im Nominativ	Artikelwort *dieser* im Genitiv, Dativ und Akkusativ
der –	dieses – (e)s / diesem – / diesen –
die –	dieser – / dieser – / diese –
das –	dieses –(e)s / diesem – / dieses –

1. Aus _____ Stein (D) will der Bildhauer seine neue Skulptur schaffen. 2. _____ Relief (A) schuf der Künstler noch im hohen Alter. 3. An _____ Plastik (D) arbeitete er fast ein Jahr. 4. Das Alter _____ Torso____ (G) lässt sich genau feststellen. 5. Mit _____ Denkmal (D) soll an die Opfer aller Kriege erinnert werden. 6. Die Werke _____ bekannten Bildhauer____ (G) kann man jetzt in einer Wanderausstellung betrachten. 7. In _____ Form (D) aus Gips wurden mehrere Figuren gegossen. 8. _____ Werkzeug (A) benutzt ein Bildhauer. 9. _____ Marmor (A) hat man schon vor Jahrhunderten aus Italien über die Alpen nach Nordeuropa transportiert. 10. In _____ Museum (D) fand im letzten Jahr eine große Pop Art Show statt. 11. Hast du _____ Keramik (A) auf einer Töpferscheibe getöpfert? 12. An _____ alten Bronzeplastik (D) lassen sich schlimme Schäden durch Umwelteinflüsse feststellen.

30. Baukunst, Architektur

bestimmter Artikel im Nominativ	verschiedene Artikelwörter im Nominativ
der –	dieser –, jener –, jeder –, welcher –
die –	diese –, jene –, jede –, welche –
das –	dieses –, jenes –, jedes –, welches –

_____ Architekt Ⓡ	dieser Architekt
_____ Architektur Ⓡ	welche Architektur?

_____ Gebäude ®	jedes Gebäude
_____ Bau ®	jener Bau
_____ Baudenkmal	_____ Baudenkmal
_____ Baukunst	_____ Baukunst
_____ Baustil ®	_____ Baustil
_____ Stilepoche	_____ Stilepoche
_____ Gebäudeteil ®	_____ Gebäudeteil
_____ Bautechnik ®	_____ Bautechnik
_____ Grundriss ®	_____ Grundriss
_____ Fundament ®	_____ Fundament
_____ Mauer	_____ Mauer
_____ Dach	_____ Dach
_____ Säule ®	_____ Säule
_____ Ornament ®	_____ Ornament
_____ Fachwerk	_____ Fachwerk
_____ Sockel	_____ Sockel
_____ Fassade	_____ Fassade
_____ Gewölbe ®	_____ Gewölbe
_____ Bogen	_____ Bogen
_____ Bauhütte ®	_____ Bauhütte
_____ Säulenhalle ®	_____ Säulenhalle
_____ Portal	_____ Portal
_____ Baumeister ®	_____ Baumeister

bestimmter Artikel im Nominativ

der –
die –
das –

Relativpronomen im Genitiv

dessen –
deren –
dessen –

1. _____ Dach, _____ Ziegel noch sehr gut erhalten sind, stammt aus dem Mittelalter. 2. _____ Mauer, _____ Steinblöcke ohne Bindemittel gefügt sind, steht schon seit mehr als tausend Jahren. 3. _____ Architekt, _____ Entwurf den ersten Preis erhielt, ist noch jung. 4. _____ Fundament, _____ Grundriss

deutlich zu erkennen war, wurde erst kürzlich von Archäologen freigelegt. 5. _____ Fachwerk, _____ Bausubstanz vorwiegend Holz und Lehm oder Ziegel bildeten, überdauerte Jahrhunderte. 6. _____ Gebäude, _____ Fassade stark beschädigt ist, soll jetzt restauriert werden. 7. _____ Bau, _____ Stil schwer zu bestimmen ist, dient der Stadt heute als Rathaus. 8. _____ Baudenkmal, _____ Abriss von den Bürgern verhindert werden konnte, wird jetzt von vielen Touristen besichtigt. 9. _____ Ornament, _____ Konturen im Laufe der Zeit undeutlich geworden sind, muss restauriert werden. 10. _____ Säule, _____ Form nicht hoch und schlank, sondern kurz und massiv ist, muss wohl romanisch sein.

31. Arbeit

bestimmter Artikel im Nominativ	Nominativ ohne Artikel
der –e –	–er –
die –e –	–e –
das –e –	–es –
	In Wendungen, die im allgemeinen Sinne gebraucht werden, entfällt meist der Artikel

✓ _der_ ausdauernde Fleiß ®	_der_ ausdauernder Fleiß
die harte Arbeit	_die_ hart_e_ Arbeit
das wirtschaftliche Interesse	_das_ wirtschaftlich_es_ Interesse
✓ _die_ große Mühe ®	_die_ groß_e_ Mühe
die hartnäckige Ausdauer	_die_ hartnäckig_e_ Ausdauer
✓ _der_ unermüdliche Eifer	_der_ unermüdlich_er_ Eifer
die erfreuliche Arbeitslust	_die_ erfreulich_e_ Arbeitslust
✓ _die_ frische Kraft	_die_ frisch_e_ Kraft
die kurze Pause ®	_die_ kurz_e_ Pause
der erholsame Urlaub	_der_ erholsam_er_ Urlaub
✓ _der_ überraschende Erfolg	_der_ überraschend_er_ Erfolg
der langjährige Dienst ®	_der_ langjährig_er_ Dienst
✓ _die_ lebenslange Tätigkeit ®	_die_ lebenslang_e_ Tätigkeit
✓ _die_ geregelte Arbeitszeit	_die_ geregelt_e_ Arbeitszeit
✓ _der_ jahrelange Arbeitskampf ®	_der_ jahrelang_er_ Arbeitskampf

✓ _der_ geringe Verdienst	_der_ gering_er_ Verdienst
der niedrige Lohn ®	_der_ niedrig_er_ Lohn
das hohe Einkommen ®	_das_ hoh_es_ Einkommen
der gesicherte Lebensunterhalt	_der_ gesichert_er_ Lebensunterhalt
die gültige Arbeitserlaubnis ®	_die_ gültig_e_ Arbeitserlaubnis

bestimmter Artikel im Nominativ	Dativ ohne Artikel
der –e –	–em –
die –e –	–er –
das –e –	–em –

1. Mit ausdauernd_____ Fleiß und unermüdlich_____ Eifer lernte sie Deutsch. 2. Nach hart_____ Arbeit und mit groß_____ Mühe erreichte er sein Ziel. 3. Sie boten nur aus wirtschaftlich_____ Interesse ihre Hilfe an. 4. Mit hartnäckig_____ Ausdauer kann man ziemlich viel erreichen. 5. Die Schüler gingen mit erfreulich_____ Arbeitslust an die Vorbereitungen zu ihrem Fest. 6. Heute sind wir müde; morgen beginnen wir wieder mit frisch_____ Kraft. 7. Nach kurz_____ Pause wurde die Fernsehsendung fortgesetzt. 8. Im Sport kam er immer wieder zu überraschend_____ Erfolg. 9. Früher mussten die Menschen bei niedrig_____ Lohn und ungeregelt_____ Arbeitszeit hart arbeiten. 10. Nach jahrelang_____ Arbeitskampf wurden viele soziale Fortschritte errungen. 11. Nach lebenslang_____ Tätigkeit als Facharbeiter ging er nun in den Ruhestand. 12. Bei gering_____ Verdienst musste er viel leisten.

32. Werkzeug

bestimmter Artikel im Nominativ	unbestimmter Artikel im Nominativ
der –	ein –
die –	eine –
das –	ein –

_____ Hammer	ein Hammer	
_____ Zange ®	_____ Zange	
_____ Werkzeug	_____ Werkzeug	
_____ Bohrer	_____ Bohrer	
_____ Hobel	_____ Hobel	
_____ Schraubenzieher	_____ Schraubenzieher	

_____ Schraubenschlüssel	_____ Schraubenschlüssel
_____ Zollstock Ⓡ	—— _____ Zollstock
_____ Schere Ⓡ	_____ Schere
_____ Messer	_____ Messer
_____ Pinsel	_____ Pinsel
_____ Beil	_____ Beil
_____ Wasserwaage Ⓡ	_____ Wasserwaage
_____ Säge Ⓡ	_____ Säge
_____ Feile Ⓡ	_____ Feile
_____ Zirkel	_____ Zirkel
_____ Lineal	_____ Lineal
_____ Lupe Ⓡ	_____ Lupe

bestimmter Artikel im Nominativ

der –
die –
das –

unbestimmter Artikel im Dativ

einem –
einer –
einem –

1. Mit _____ Hammer schlägt man einen Nagel in die Wand. 2. Einen Nagel zieht man mit _____ Zange heraus. 3. Mit _____ Werkzeug stellt man ein Werkstück her oder repariert es. 4. Mit _____ Bohrer bohrt man ein Loch. 5. Mit _____ Hobel hobelt man Holz glatt. 6. Mit _____ Schraubenzieher zieht man eine Schraube fest oder lockert sie. 7. Auch mit _____ Schraubenschlüssel kann man Schrauben festziehen oder lösen. 8. Die Länge, die Breite oder die Höhe eines Gegenstandes misst man mit _____ Zollstock. 9. Mit _____ Wasserwaage prüft man senkrechte und waagerechte Linien und Kanten. 10. Mit _____ Schere oder mit _____ Messer schneidet man. 11. Mit _____ Pinsel dagegen streicht man. 12. Man kann mit _____ Beil Holz zerkleinern oder harte Gegenstände zerschlagen. 13. Holz oder auch Metall zersägt man mit _____ Säge. 14. Mit _____ Feile feilt man Arbeitsmaterial glatt. 15. Kreise zieht man mit _____ Zirkel. 16. Mit _____ Lineal zieht man gerade Linien oder misst sie. 17. Winzige Werkstücke kann man mit _____ Lupe vergrößert betrachten. 18. Auch der Bleistift ist eigentlich ein Werkzeug; mit _____ Bleistift schreibt oder zeichnet man.

33. Produktionsstätte und Arbeitsraum

bestimmter Artikel im Nominativ	Artikelwörter *welcher* und *irgendein* im Nominativ
der –	welcher – / irgendein –
die –	welche – / irgendeine –
das –	welches – / irgendein –

_____ Raum ®	welcher Raum? irgendein Raum
_____ Werkstatt	_____ Werkstatt?
	_____ Werkstatt
_____ Labor	_____ Labor?
	_____ Labor
_____ Fabrik ®	_____ Fabrik?
	_____ Fabrik
_____ Industrie ®	_____ Industrie?
	_____ Industrie
_____ Werk	_____ Werk?
	_____ Werk
_____ Verlag	_____ Verlag?
	_____ Verlag
_____ Werft	_____ Werft?
	_____ Werft
_____ Betrieb	_____ Betrieb?
	_____ Betrieb
_____ Firma	_____ Firma?
	_____ Firma
_____ Unternehmen ®	_____ Unternehmen?
	_____ Unternehmen
_____ Büro ®	_____ Büro?
	_____ Büro

_____ Studio ℝ	_____ Studio?
	_____ Studio
_____ Atelier	_____ Atelier?
	_____ Atelier
_____ Institut	_____ Institut?
	_____ Institut
_____ Klassenzimmer	_____ Klassenzimmer?
	_____ Klassenzimmer
_____ Hörsaal ℝ	_____ Hörsaal?
	_____ Hörsaal
_____ Küche ℝ	_____ Küche?
	_____ Küche
_____ Gärtnerei ℝ	_____ Gärtnerei?
	_____ Gärtnerei
_____ Bauernhof ℝ	_____ Bauernhof?
	_____ Bauernhof

bestimmter Artikel im Nominativ	Artikelwörter *welcher* und *derselbe* und Relativpronomen im Dativ und Akkusativ
der –	welchem –, welchen – / demselben –, denselben – / dem –, den –
die –	welcher –, welche – / derselben –, dieselbe – / der –, die –
das –	welchem –, welches – / demselben –, dasselbe – / dem –, das –

1. In welch____ Raum (D) wollen wir heute arbeiten? In _____selb____ Raum (D), in _____ wir gestern gearbeitet haben. 2. In welch____ Werkstatt (A) bringst du deinen Wagen zur Reparatur? In _____selb____ Werkstatt (A), in _____ ich ihn das letzte Mal gebracht habe. 3. In welch____ Fabrik (D) arbeitet dein Freund? Er arbeitet in _____selb____ Fabrik (D), in _____ auch ich arbeite. 4. Welch____ Firma (A) vertreten Sie? Ich vertrete _____selb____ Firma (A), _____ ich schon früher vertreten habe. 5. Von welch____ Betrieb (D) hast du das Arbeitsangebot bekommen? Von _____selb____ Betrieb (D), von _____ auch du schon ein Angebot bekommen hast. 6. An welch____ (A) Büro schickt er seine Bewerbung? An _____selb____ Büro (A), an _____ deine Freundin ihre Bewerbung geschickt hat. 7. Mit welch____ Unternehmen

(D) willst du den Vertrag schließen? Mit _____selb_____ Unternehmen (D), mit _____ ich schon oft Verträge geschlossen habe. 8. In welch_____ Verlag (D) erscheint sein neuer Roman? Sein neuer Roman erscheint in _____selb____ Verlag (D), in _____ auch seine ersten Romane erschienen sind. 9. In welch____ Hörsaal (A) gehen wir heute? Wir gehen heute in _____selb____ Hörsaal (A), in _____ wir auch gestern gegangen sind. 10. Auf welch____ Werft (D) wird das Schiff gebaut? Das Schiff wird auf _____selb____ Werft (D) gebaut, auf _____ auch der große Tanker gebaut wurde. 11. In welch____ Werk (D) werden diese Uhren hergestellt? Die Uhren werden in _____selb____ Werk (D) hergestellt, in _____ auch viele andere Präzisionsgeräte hergestellt werden. 12. In welch____ Klassenzimmer (A) soll ich diese Bücher bringen? In _____selb____ (A), aus _____ (D) du sie gestern geholt hast.

34. Material

bestimmter Artikel im Nominativ	Nominativ ohne Artikel
der –e –	–er –
die –e –	–e –
das –e –	–es –

_____ natürliche Baustoff ®️	natürlicher Baustoff
_____ formbare Masse ®️	formbar____ Masse
_____ synthetische Material	synthetisch____ Material
_____ pflanzliche Substanz ®️	pflanzlich____ Substanz
_____ durchsichtige Stoff ®️	durchsichtig____ Stoff
_____ geschmeidige Leder	geschmeidig____ Leder
_____ dicke Wolle ®️	dick____ Wolle
_____ weiße Leinen	weiß____ Leinen
_____ reine Seide ®️	rein____ Seide
_____ edle Holz	edle____ Holz
_____ harte Stein ®️	hart____ Stein
_____ weiche Gestein ®️	weich____ Gestein
_____ zerbrechliche Glas	zerbrechlich____ Glas
_____ leichte Metall	leicht____ Metall
_____ harte Stahl	hart____ Stahl

_____ geschmiedete Eisen ⓡ	geschmiedet_____ Eisen
_____ pure Gold ⓡ	pur_____ Gold
_____ massive Silber ⓡ	massiv_____ Silber
_____ kostbare Platin ⓡ	kostbar_____ Platin
_____ glänzende Kupfer ⓡ	glänzend_____ Kupfer
_____ polierte Bronze	poliert_____ Bronze
_____ blanke Messing ⓡ	blank_____ Messing

bestimmter Artikel im Nominativ	Dativ ohne Artikel
der –e –	–em –
die –e –	–er –
das –e –	–em –

1. In einem Raum aus natürlich_____ Baustoff fühlen wir uns wohler als in einem Raum aus synthetisch_____ Material. 2. Die Kinder kneteten Figuren aus formbar_____ Masse. 3. Gegen meine Grippe nahm ich ein Heilmittel aus pflanzlich_____ Substanz. 4. Vor dem Fenster hing ein Vorhang aus durchsichtig_____ Stoff. 5. Sie tragen gern Kleidung aus geschmeidig_____ Leder. 6. Sie strickte sich einen Schal aus dick_____ Wolle. 7. Früher nähte man Wäsche hauptsächlich aus weiß_____ Leinen. 8. Kleidung aus rein_____ Seide ist teurer als Kleidung aus synthetisch_____ Seide. 9. Im Museum sahen wir Möbel aus edl_____ Holz. 10. Diese Mauer ist aus hart_____ Stein; sie ist aus Granit. 11. Jene Mauer ist aus weich_____ Gestein; es ist Sandstein. 12. Vorsicht, das ist ein Gefäß aus sehr zerbrechlich_____ Glas! 13. Hier ist ein Kasten aus leicht_____ Metall. 14. Das Werkzeug ist aus hart_____ Stahl. 15. Vor dem Fenster ist ein Gitter aus geschmiedet_____ Eisen. 16. Bei den Ausgrabungen fand man Schmuck aus pur_____ Gold. 17. Im Schloss sahen wir Gefäße aus massiv_____ Silber. 18. Sie trug eine Kette aus kostbar_____ Platin. 19. In der alten Küche standen Geräte aus glänzend_____ Kupfer. 20. Der Künstler schuf Figuren aus unpoliert_____ Bronze. 21. Unsere Freunde schenkten uns einen Leuchter aus blank_____ Messing. 22. Gegenstände aus wertlos_____ Material warfen wir in die Mülltonne.

35. Rohstoffe

bestimmter Artikel im Nominativ	Artikelwort _dieser_ im Dativ nach der Präposition _aus_
der –	aus diesem –
die –	aus dieser –
das –	aus diesem –

_____ Rohstoff Ⓡ	aus diesem Rohstoff	
_____ Masse Ⓡ	_____ _____ Masse	
_____ Material	_____ _____ Material	
_____ Erz	_____ _____ Erz	
_____ Mineral	_____ _____ Mineral	
_____ Roheisen Ⓡ	_____ _____ Roheisen	
_____ Erdöl	_____ _____ Erdöl	
_____ Kohle Ⓡ	_____ _____ Kohle	
_____ Gestein Ⓡ	_____ _____ Gestein	
_____ Holz	_____ _____ Holz	
_____ Papier	_____ _____ Papier	
_____ Baumwolle Ⓡ	_____ _____ Baumwolle	
_____ Rohseide Ⓡ	_____ _____ Rohseide	
_____ Leder	_____ _____ Leder	
_____ Flachs Ⓡ	_____ _____ Flachs	
_____ Leinen	_____ _____ Leinen	
_____ Zuckerrohr	_____ _____ Zuckerrohr	
_____ Getreide Ⓡ	_____ _____ Getreide	
_____ Mehl	_____ _____ Mehl	
_____ Kakao	_____ _____ Kakao	
_____ Sisal	_____ _____ Sisal	
_____ Ton Ⓡ	_____ _____ Ton	
_____ Faser	_____ _____ Faser	
_____ Rohprodukt	_____ _____ Rohprodukt	
_____ Grundstoff Ⓡ	_____ _____ Grundstoff	

bestimmter Artikel im Nominativ	**Relativpronomen im Dativ nach der Präposition *aus***
der –	aus dem –
die –	aus der –
das –	aus dem –

1. Erdöl ist ein Rohstoff, _____ _____ Benzin destilliert wird. 2. Kohle ist ein brennbares Gestein, _____ __ . Energie erzeugt wird. 3. Roheisen ist ein Ausgangsmaterial, _____ _____ Industrieprodukte hergestellt werden. 4. Erz ist ein Mineral, ___ _____ Metalle gewonnen werden. 5. Mehl ist ein Getreide, _____ _____ Nahrungsmittel gemacht werden. 6. Ton ist eine Masse, _____ _____ Keramik getöpfert wird. 7. Flachs ist eine pflanzliche Faser, _____ _____ Leinen hergestellt wird. 8. Kakao ist ein pflanzlicher Grundstoff, _____ _____ Schokolade erzeugt wird. 9. Milch ist ein tierisches Rohprodukt, _____ _____ Butter und Käse gewonnen wird.

36. Industrieprodukte

bestimmter Artikel im Nominativ	Artikelwörter *dieser* und *jeder* im Nominativ
der –	dieser – / jeder –
die –	diese – / jede –
das –	dieses – / jedes –

_____ Stahl ®	dieser Stahl / jeder Stahl
_____ Maschine	_____ Maschine / _____ Maschine
_____ Produkt	_____ Produkt / _____ Produkt
_____ Beton	_____ Beton / _____ Beton
_____ Baustoff ®	_____ Baustoff / _____ Baustoff
_____ Ziegel	_____ Ziegel / _____ Ziegel
_____ Zement	_____ Zement / _____ Zement
_____ Glas	_____ Glas / _____ Glas
_____ Porzellan	_____ Porzellan / _____ Porzellan
_____ Keramik ®	_____ Keramik / _____ Keramik
_____ Bekleidung ®	_____ Bekleidung / _____ Bekleidung
_____ Textilie ®	_____ Textilie / _____ Textilie
_____ Papier	_____ Papier / _____ Papier
_____ Lebensmittel	_____ Lebensmittel / _____ Lebensmittel
_____ Chemikalie ®	_____ Chemikalie / _____ Chemikalie
_____ Werkzeug	_____ Werkzeug / _____ Werkzeug
_____ Fahrzeug	_____ Fahrzeug / _____ Fahrzeug

_____ Lederware ®   _____ Lederware / _____ Lederware

_____ Uhr   _____ Uhr / _____ Uhr

_____ Gerät ®   _____ Gerät / _____ Gerät

bestimmter Artikel im Nominativ	Relativpronomen im Akkusativ
der –	den –
die –	die –
das –	das –

1. _____ Stahl, _____ man in der Bundesrepublik Deutschland verarbeitet, wird in viele Länder der Welt exportiert. 2. _____ Produkt, _____ man überall auf deutschen Märkten findet, wird aus lateinamerikanischen Ländern importiert. 3. _____ Porzellan, _____ man in der Stadt Meißen seit Jahrhunderten herstellt, ist weltbekannt. 4. _____ Metall, _____ man aus schwedischem Erz gewinnt, ist für die Autoindustrie ein wichtiges Rohmaterial. 5. _____ Papier, _____ man aus Holz erzeugt, kommt in großen Mengen aus Finnland. 6. _____ Kleidung, _____ man aus Chemiefaser näht, ist meist billiger als Naturfaserkleidung. 7. _____ Stoff, _____ man vor allem in Frankreich produziert, ist in aller Welt sehr begehrt. 8. _____ Baustoff, _____ man heute überall verwendet, muss auf seine Umweltwirkung geprüft werden. 9. _____ bunte Glas der Kirchenfenster, _____ man nur noch sehr selten findet, kam früher aus Italien. 10. _____ Beton, _____ man erst in unserem Jahrhundert entwickelt hat, besitzt hohe Qualitäten.

37. Elektrische Geräte, Elektronik

bestimmter Artikel im Nominativ	Artikelwort *dieser* im Nominativ
der –	dieser –e –
die –	diese –e –
das –	dieses –e –

_____ Computer   _____ hochentwickelt____ Computer

_____ Elektronik ®   _____ leistungsfähig____ Elektronik

_____ Gerät ®   _____ elektronisch____ Gerät

_____ Fernseher   _____ tragbar____ Fernseher

_____ Radio ®   _____ klein____ Radio

_____ Glühbirne ®   _____ stark____ Glühbirne

_____ Staubsauger   _____ leicht____ Staubsauger

_____ Waschmaschine   _____ repariert____ Waschmaschine

_____ Haartrockner,   _____ handlich____ Haartrockner, Fön

_____ Fön ®

_____ Plattenspieler   _____ alt____ Plattenspieler

_____ Verstärker   _____ preisgünstig____ Verstärker

_____ Lautsprecher   _____ dröhnend____ Lautsprecher

_____ Kassetten-
recorder   _____ defekt____ Kassettenrecorder

_____ CD-Player   _____ neu____ CD-Player

_____ Videoanlage   _____ teur____ Videoanlage

_____ Elektroherd ®   _____ modern____ Elektroherd

_____ Geschirrspüler   _____ groß____ Geschirrspüler

_____ Kühlschrank ®   _____ schmal____ Kühlschrank

_____ Elektronen-
fernrohr   _____ weitreichend____ Elektronenfernrohr

_____ Elektronen-
mikroskop   _____ empfindlich____ Elektronenmikroskop

bestimmter Artikel im Nominativ	Artikelwörter *mein* und *dein* im Dativ und Akkusativ
der –e –	meinem –en – / meinen –en –
die –e –	meiner –en – / meine –e –
das –e –	meinem –en – / mein –es –

1. Leihst du mir bitte d_____ tragbar____ Fernseher (A)? 2. Ich stelle m_____ klein____ Radio (A) neben mein Bett. 3. Benutzt du d_____ elektronisch____ Mikroskop (A) für wissenschaftliche Untersuchungen? 4. Ich habe meinen Nachbarn m_____ leicht____ Staubsauger (A) geliehen. 5. Ich konnte mit m_____ repariert____ Waschmaschine (D) noch lange waschen. 6. M_____ klein____, handlich____ Haartrockner (A) nehme ich mit auf die Reise. 7. Hast du d_____ alt____ Plattenspieler (A) auf dem Flohmarkt verkauft? 8. M_____ defekt____ Kassettenrecorder (A) habe ich reparieren lassen. 9. Ich höre jetzt oft klassische Musik mit m_____ neu____ CD-Player (D). 10. Hast du dich mit d_____ modern____ Elektroherd (D) schon eingearbeitet? 11. Ich möchte

m_____ alt____ Geschirrspüler (A) verkaufen. 12. In m_____ groß____ Kühlschrank (D) suche ich manchmal vergebens etwas zu essen.

Diese Übung auch mit den Artikelwörtern *unser* und *euer* im Dativ und Akkusativ

38. Landwirtschaftliche Erzeugnisse

bestimmter Artikel im Nominativ	Nominativ ohne Artikel und Artikelwort *dieser* im Nominativ
der –e –	–er – / dieser –e –
die –e –	–e – / diese –e –
das –e –	–es – / dieses –e –

_____ wertvolle Weizen   wertvoller Weizen / dieser wertvolle Weizen

_____ billige Gerste Ⓡ   billig____ Gerste / _____ billig____ Gerste

_____ importierte   importiert____ Getreide /

Getreide Ⓡ   _____ importiert____ Getreide

_____ gemahlene Hafer   gemahlen____ Hafer /

_____ gemahlen____ Hafer

_____ gedroschene Roggen   gedroschen____ Roggen /

_____ gedroschen____ Roggen

_____ gekochte Mais Ⓡ   gekocht____ Mais / _____ gekocht____ Mais

_____ indische Reis Ⓡ   indisch____ Reis / _____ indisch____ Reis

_____ türkische Tabak   türkisch____ Tabak / _____ türkisch____ Tabak

_____ frische Fleisch   frisch____ Fleisch / _____ frisch____ Fleisch

_____ einheimische   einheimisch____ Geflügel /

Geflügel Ⓡ   _____ einheimisch____ Geflügel

_____ junge Gemüse Ⓡ   jung____ Gemüse / _____ jung____ Gemüse

_____ reife Obst   reif____ Obst / _____ reif____ Obst

_____ feine Mehl   fein____ Mehl / _____ fein____ Mehl

_____ braune Zucker   braun____ Zucker / _____ braun____ Zucker

_____ pflanzliche Öl   pflanzlich____ Öl / _____ pflanzlich____ Öl

_____ französische Wein ℝ französisch____ Wein /

_____ französisch____ Wein

_____ frische Milch   frisch____ Milch / _____ frisch____ Milch

_____ grüne Gras   grün____ Gras / _____ grün____ Gras

_____ trockene Heu   trocken____ Heu / _____ trocken____ Heu

_____ lange Stroh   lang____ Stroh / _____ lang____ Stroh

bestimmter Artikel im Nominativ	Artikelwort *dieser* im Genitiv, Dativ und Akkusativ
der –e –	dieses –en –(e)s / diesem –en – / diesen –en –
die –e –	dieser –en – / dieser –en – / diese –e –
das –e –	dieses –en –(e)s / diesem –en – / dieses –e –

1. Aus _____ wertvoll____ Weizen (D) stellt man Teigwaren her. 2. _____ importiert____ Getreide (A) kann man nur sehr billig verkaufen. 3. Wir streuen den Hühnern täglich _____ ungemahlen____ Hafer (A). 4. Möchtest du _____ gekocht____ Mais (A) essen? 5. Wir kaufen _____ indisch____ Reis (A) nur für ein besonderes Reisgericht. 6. Ein Glas _____ frisch____ Milch (G) solltest du jeden Morgen trinken! 7. Der Preis _____ einheimisch____ Geflügel____ (G) ist sehr günstig. 8. Aus _____ reif____ Obst (D) wollen wir Saft machen. 9. Kaufen Sie _____ jung____, zart____ Gemüse (A)! 10. Wir süßen unseren Tee am liebsten mit _____ braun____ Zucker (D). 11. Zu _____ französisch____ Wein (D) essen wir gern Weißbrot. 12. Nimm bitte nur _____ pflanzlich____ Öl (A) für den Salat! 13. Den Duft _____ frisch____ Gras____ (G) mag ich gern. 14. Brauchst du wirklich _____ fein____ Mehl (A) zum Backen?

39. Pflanzen und Pflanzenteile

bestimmter Artikel im Nominativ	Artikelwort *dieser* im Genitiv
der –e –	dieses –en –(e)s
die –e –	dieser –en –
das –e –	dieses –en –(e)s

_____ einheimische Baum ℝ   das Alter dieses einheimischen Baumes

_____ tropische Pflanze ℝ   das Gift _____ tropisch____ Pflanze____

_____ wirksame Heilkraut

die Anwendung _____ wirksam_____ Heilkraut_____

_____ blühende Busch Ⓡ

der Anblick _____ blühend_____ Busch_____

_____ dornige Strauch Ⓡ

die Höhe _____ dornig_____ Strauch_____

_____ schöne Blume Ⓡ

der Duft _____ schön_____ Blume_____

_____ rosarote Blüte Ⓡ

die Zartheit _____ rosarot_____ Blüte_____

_____ winzige Knospe Ⓡ

die Spitze _____ winzig_____ Knospe_____

_____ grüne Blatt

die Form _____ grün_____ Blatt_____

_____ reife Frucht

der Saft _____ reif_____ Frucht_____

_____ trockene Samen

der Flug _____ trocken_____ Samen_____

_____ dünne Stengel

die Biegsamkeit _____ dünn_____ Stengel_____

_____ starke Wurzel

die Verzweigung _____ stark_____ Wurzel_____

_____ dicke Stamm Ⓡ

das Holz _____ dick_____ Stamm_____

_____ lange Ast Ⓡ

das Laub _____ lang_____ Ast_____

_____ schlanke Zweig Ⓡ

die Bewegung _____ schlank_____ Zweig_____

_____ breite Baumkrone Ⓡ

der Umriss _____ breit_____ Baumkrone_____

_____ frische Gras

der Geruch _____ frisch_____ Gras_____

_____ reife Getreide Ⓡ

die Farbe _____ reif_____ Getreide_____

bestimmter Artikel im Nominativ	Artikelwort *dieser* im Nominativ und Relativpronomen im Genitiv
der –	dieser –, dessen –
die –	diese –, deren –
das –	dieses –, dessen –

1. _____ Baum, _____ Holz schon sehr morsch (alt und brüchig) ist, darf nicht gefällt werden. 2. _____ Pflanze, _____ Gift gefährlich ist,

wächst nur in tropischem Klima. 3. _____ Kraut, _____ Heilkraft gut gegen Erkältungskrankheiten wirkt, muss jetzt vor dem Aussterben geschützt werden. 4. _____ Busch, _____ Anpflanzung hier sehr schwierig war, steht jetzt unter Naturschutz. 5. _____ Strauch, _____ Blüten rot leuchten, ist dornig. 6. _____ Blume, _____ Duft viele Insekten anlockt, blüht auch in unserem Garten. 7. _____ Frucht, _____ Fleisch süß und saftig ist, braucht zur Reifung viel Sonne. 8. _____ Knospe, _____ Hülle bald abfällt, wird zu einer großen Blüte. 9. _____ Blatt, _____ Farbe jetzt dunkelgrün ist, wird im Herbst rot. 10. _____ Blüte, _____ Blätter rötlich schimmern, dient zur Herstellung von Tee. 11. _____ Stamm, _____ Holz eisenhart ist, soll zum Bau eines Bootes verwendet werden.

40. Wildlebende Tiere

bestimmter Artikel im Nominativ	unbestimmter Artikel im Nominativ
der –e –	ein –er –
die –e –	eine –e –
das –e –	ein –es –

_____ Fuchs ®   ein listiger Fuchs

_____ Wildkatze ®   _____ selten_____ Wildkatze

_____ Wildschwein ®   _____ schwarz_____ Wildschwein

_____ Wolf ®   _____ grau_____ Wolf

_____ Hirsch ®   _____ braun_____ Hirsch

_____ Reh   _____ scheu_____ Reh

_____ Hase   _____ schnell_____ Hase

_____ Kaninchen   _____ klein_____ Kaninchen

_____ Igel   _____ stachlig_____ Igel

_____ Bär ®   _____ stark_____ Bär

_____ Schlange ®   _____ giftig_____ Schlange

_____ Schildkröte ®   _____ langsam_____ Schildkröte

_____ Zebra   _____ gestreift_____ Zebra

_____ Löwe   _____ hungrig_____ Löwe

_____ Tiger	_____ sprungbereit_____ Tiger
_____ Elefant	_____ riesig_____ Elefant
_____ Giraffe	_____ gefleckt_____ Giraffe
_____ Affe	_____ flink_____ Affe
_____ Panther	_____ schwarz_____ Panther
_____ Antilope	_____ leicht_____ Antilope
_____ Nilpferd Ⓡ	_____ schwer_____ Nilpferd
_____ Hai Ⓡ	_____ gefährlich_____ Hai

bestimmter Artikel im Nominativ	Artikelwort *kein* im Akkusativ wird unbestimmter Artikel im Akkusativ
der –	keinen – / einen – (einen / keinen)
die –	keine – / eine – (eine / keine)
das –	kein – / ein – (eins / keins)

1. Er hat noch k_____ Hirsch in freier Natur gesehen; ich dagegen habe schon _____ gesehen. 2. Der Förster hat neulich _____ Hasen geschossen; ich könnte k_____ schießen. 3. Es macht Spaß, _____ Igel zu beobachten; hast du noch k_____ beobachten können? 4. In unserem Zoo gibt es noch k_____ Nilpferd; aber im Berliner Zoo gibt es schon _____. 5. Ich habe leider k_____ Schildkröte; hast du _____? 6. Hast du in der Tierschau _____ Affen gesehen? Ich habe k_____ gesehen. 7. Siehst du das Reh dort? Nein, ich sehe k_____. 8. Fingen die Fischer _____ Hai? Nein, sie fingen k_____. 9. Ich habe noch nie _____ Wildkatze gesehen; nur auf einem Bild habe ich mal _____ gesehen. 10. Hast du schon einmal _____ Kaninchen gegessen? Nein, ich habe noch k_____ gegessen; ich würde auch nie _____ essen. 11. Könntest du _____ Schlange anfassen? Ich könnte k_____ anfassen. 12. Du kannst ja k_____ Hirsch von einem Reh unterscheiden!

41. Klima und Wetter

bestimmter Artikel im Nominativ	Nominativ ohne Artikel
der –e –	–er –
die –e –	–e –
das –e–	–es –

_____ hohe Luftdruck ®	hoher Luftdruck
_____ feuchte Luft	feucht_____ Luft
_____ herrliche Wetter	herrlich_____ Wetter
_____ gesunde Klima	gesund_____ Klima
_____ niedrige Temperatur ®	niedrig_____ Temperatur
_____ warme Regen ®	warm_____ Regen
_____ tiefe Schnee ®	tief_____ Schnee
_____ eisige Hagel ®	eisig_____ Hagel
_____ starke Frost ®	stark_____ Frost
_____ große Kälte ®	groß_____ Kälte
_____ unerträgliche Hitze ®	unerträglich_____ Hitze
_____ angenehme Wärme ®	angenehm_____ Wärme
_____ leichte Wind ®	leicht_____ Wind
_____ heftige Sturm ®	heftig_____ Sturm
_____ plötzliche Orkan ®	plötzlich_____ Orkan
_____ helle Sonnenschein ®	hell_____ Sonnenschein
_____ starke Gewitter ®	stark_____ Gewitter
_____ grelle Blitz ®	grell_____ Blitz
_____ grollende Donner	grollend_____ Donner
_____ dichte Nebel ®	dicht_____ Nebel
_____ durchschnittliche	durchschnittlich_____
Niederschlagsmenge ®	Niederschlagsmenge
_____ überdurchschnittliche	überdurchschnittlich_____
Luftfeuchtigkeit ®	Luftfeuchtigkeit

bestimmter Artikel im Nominativ	Dativ ohne Artikel
der –e –	–em –
die –e –	–er –
das –e –	–em –

1. Der Ort liegt in einer waldreichen Gegend mit gesund_____ Klima. 2. Bei schlecht_____ Wetter wollen wir unseren Ausflug verschieben. 3. Nach lang_____, warm_____ Regen erholte sich

die Vegetation von der endlosen Dürre. 4. In feucht____ Luft gedeihen die meisten Nutz-
pflanzen besonders gut. 5. Die Leute mussten bei unerträglich____ Hitze auf den Feldern
arbeiten. 6. Wir schliefen lange und wachten erst bei hell____ Sonnenschein auf. 7. Wir fuh-
ren in dicht____ Nebel durchs Gebirge. 8. Unter grollend____ Donner und bei heftig____ Re-
gen erreichten wir das Ziel unserer Wanderung. 9. Nach wochenlang____, stark____ Frost
setzte endlich Tauwetter ein. 10. In dieser Region mit überdurchschnittlich____ Luftfeuch-
tigkeit gibt es jährlich zwei Ernten. 11. Die sportlichen Spiele fanden bei groß____ Kälte statt.
12. Wir blieben mit unserem Auto in tief____ Schnee stecken.

42. Zeit, Zeiträume, Zeitabschnitte

bestimmter Artikel im Nominativ	Artikelwort *dieser* im Dativ
der –	diesem –
die –	dieser –
das –	diesem –

der Zeitraum ®	in diesem Zeitraum	*die Zeit*
die Zeit	in _dieser_ Zeit	
das Leben	in _diesem_ Leben	*das*
der Zeitabschnitt	in _diesem_ Zeitabschnitt	*der*
die Jahreszeit	in _dieser_ Jahreszeit	*die*
das Jahr	in _diesem_ Jahr	*das*
der Monat	in _diesem_ Monat	*der*
die Woche ®	in _dieser_ Woche	*die*
der Tag ®	an _diesem_ Tag	*der*
die Stunde ®	in _dieser_ Stunde	*die*
die Minute	in _dieser_ Minute	*die*
die Sekunde	in _dieser_ Sekunde	*die*
die Dauer	bei _dieser_ Dauer	*die*
die Zeitspanne ®	in _dieser_ Zeitspanne	*die*
das Augenblick ®	in _diesem_ Augenblick	*der*
der Moment	in _diesem_ Moment	*der*
das Jahrzehnt	in _diesem_ Jahrzehnt	*das*

✓ _das_ Jahrhundert	in _diesem_ Jahrhundert	_der_
✓ _das_ Jahrtausend	in _diesem_ Jahrtausend	_das_
✓ _der_ Zeitpunkt ®	zu _diesem_ Zeitpunkt	_der_
✓ _die_ Periode	in _dieser_ Periode	_die_
✓ _der_ Termin	zu _diesem_ Termin	_der_
✓ _das_ Alter	in _diesem_ Alter	_das_

bestimmter Artikel im Nominativ	unbestimmter Artikel und Zahlwort im Dativ
der –	einem –
die –	einer –
das –	einem –

1. Er hat sein Unternehmen in _____ Zeitraum von fünf Jahren aufgebaut. 2. Vor _____ Jahr bin ich nach Deutschland gekommen. 3. Heute in _____ Jahr wird er vielleicht mit seiner Ausbildung fertig sein. 4. Unser Lehrer ist seit _____ Woche krank. 5. Seit _____ Monat lernen wir hier Deutsch. 6. In _____ Zeitspanne von drei Jahren erreichte sie ein hohes politisches Amt. 7. In _____ Periode wirtschaftlichen Rückgangs steigen die Arbeitslosenzahlen. 8. In _____ Zeit schneller technologischer Entwicklungen entstehen ständig neue gesellschaftliche und politische Situationen. 9. Ein Fußgänger geht in _____ Stunde ungefähr fünf Kilometer. 10. An _____ Tag sind wir 25 Kilometer gewandert. 11. Du kamst in _____ günstigen Moment. 12. Unsere Welt hat sich in _____ Jahrhundert entscheidend verändert. 13. Vor _____ Stunde bin ich angekommen. 14. Seit _____ Jahr warte ich auf eine Entscheidung.

43. Sprache

bestimmter Artikel im Nominativ und unbestimmter Artikel im Nominativ	Artikelwort *dieser* im Dativ
der – / ein –	diesem –
die – / eine –	dieser –
das – / ein –	diesem –

_____ Laut ®	ein Laut	mit diesem Laut
_____ Sprache ®	_____ Sprache	in _____ Sprache
_____ Zeichen	_____ Zeichen	mit _____ Zeichen
_____ Wort	_____ Wort	mit _____ Wort

_____ Wortschatz ®	_____ Wortschatz	mit	_____	Wortschatz
_____ Klang ®	_____ Klang	in	_____	Klang
_____ Buchstabe	_____ Buchstabe	mit	_____	Buchstabe____(!)
_____ Vokal	_____ Vokal	mit	_____	Vokal
_____ Selbstlaut ®	_____ Selbstlaut	mit	_____	Selbstlaut
_____ Konsonant ®	_____ Konsonant	mit	_____	Konsonant____(!)
_____ Mitlaut ®	_____ Mitlaut	mit	_____	Mitlaut
_____ Silbe ®	_____ Silbe	auf	_____	Silbe
_____ Präfix	_____ Präfix	mit	_____	Präfix
_____ Suffix	_____ Suffix	mit	_____	Suffix
_____ Satz ®	_____ Satz	in	_____	Satz
_____ Satzzeichen	_____ Satzzeichen	mit	_____	Satzzeichen
_____ Grammatik ®	_____ Grammatik	in	_____	Grammatik
_____ Sprachlehre ®	_____ Sprachlehre	in	_____	Sprachlehre
_____ Phonetik ®	_____ Phonetik	in	_____	Phonetik
_____ Lautlehre ®	_____ Lautlehre	in	_____	Lautlehre
_____ Name	_____ Name	mit	_____	Name____(!)
_____ Ausdruck	_____ Ausdruck	mit	_____	Ausdruck
_____ Bezeichnung ®	_____ Bezeichnung	mit	_____	Bezeichnung
_____ Gespräch ®	_____ Gespräch	aus	_____	Gespräch
_____ Unterhaltung ®	_____ Unterhaltung	in	_____	Unterhaltung
_____ Rede ®	_____ Rede	in	_____	Rede
_____ Schrift	_____ Schrift	in	_____	Schrift
_____ Text ®	_____ Text	aus	_____	Text
_____ Geschichte	_____ Geschichte	in	_____	Geschichte
_____ Gedicht ®	_____ Gedicht	in	_____	Gedicht
_____ Roman	_____ Roman	aus	_____	Roman
_____ Lektüre	_____ Lektüre	bei	_____	Lektüre

bestimmter Artikel im Nominativ	bestimmter Artikel im Genitiv, Dativ und Akkusativ
der –	des –(e)s / dem – / den –
die –	der – / der – / die –
das –	des –(e)s / dem – / das –

1. Der türkische Schüler lernte _____ deutsche Sprache (A) in seiner Umwelt und im Unterricht. 2. In _____ Muttersprache (D) des Schülers gibt es _____ Laut (A) „ch" nicht. 3. _____ Buchstabe (N) „ß" ist für viele Schüler und Schülerinnen ungewöhnlich. 4. Ich muss mich an _____ Klang (A) _____ fremden Sprache (G) gewöhnen. 5. In _____ Muttersprache (D) des Schülers gibt es ganz andere Laute als in _____ deutschen Sprache (D). 6. _____ Wortschatz (N) dieses Schülers ist schon recht umfangreich; ich staune über _____ großen Wortschatz (A) des Schülers. 7. An _____ Klang (D) eines Wortes kann man manchmal die Bedeutung erkennen. 8. Im Deutschen steht das Verb oft am Ende _____ Satz_____ (G), dann ist es ein Nebensatz. 9. _____ deutsche Phonetik (N) macht dieser Schülerin gar keine Schwierigkeiten. 10. Es gibt einen Text von Mark Twain über die Schrecken _____ deutschen Sprache (G). 11. _____ Text (N) von Mark Twain ist interessant und witzig. 12. _____ Ausdruck (A), den du eben gebraucht hast, habe ich nicht verstanden. 13. Ich verstand den Inhalt _____ Geschichte (G), obgleich mir viele Ausdrücke noch unbekannt waren. 14. _____ deutsche Sprache (N) ist nun bald keine Fremdsprache mehr für mich, sondern eine Zweitsprache. 15. Bei _____ Lektüre (D) _____ Roman_____ (G) habe ich mich an meine Kindheit erinnert.

II Abstrakte Begriffe

Gefühl, Empfindung

Dativ ohne Artikel	bestimmter Artikel im Nominativ
	der – dem
	die – der
	das – dem

mit Stolz ®	_der_ Stolz
vor Freude ®	_die_ Freude
mit Gefühl ®	_das_ Gefühl
aus Dankbarkeit ®	_die_ Dankbarkeit
aus Ärger	_der_ Ärger

vor Glück	__das__ Glück	
aus Wut	__die__ Wut	
vor Zorn ®	__der__ Zorn	
aus Liebe ®	__die__ Liebe	
aus Hass ®	__der__ Hass	
vor Neid ®	__die__ Neid	_der Neid_
aus Missgunst	__die__ Missgunst	
aus Mitleid	__das__ Mitleid	
vor Verdruss	__die__ Verdruss	
aus Kummer	__der__ Kummer	
aus Sorge ®	__die__ Sorge	
vor Angst	__die__ Angst	
mit Lust	__die__ Lust	
aus Eifersucht	__die__ Eifersucht	
mit Mut ®	__der__ Mut	
aus Übermut ®	__der__ Übermut	
in Demut	__die__ Demut	
vor Entsetzen ®	__das__ Entsetzen	
vor Ekel	__die__ Ekel	_der Ekel_
vor Schmerz ®	__der__ Schmerz	

bestimmter Artikel im Nominativ	Relativpronomen im Nominativ und Akkusativ
der –	der – / den –
die –	die – / die –
das –	das – / das –

1. Er zitterte vor Angst, _____ (N) ihn nicht mehr klar denken ließ. 2. Sie wurde vor Kummer krank, _____ (A) ihr ihre Familie bereitete. 3. Vor Entsetzen, _____ (N) mich bei dem schrecklichen Anblick packte, schloss ich die Augen. 4. Vor Freude, _____ (A) du mir mit deinem Brief bereitet hast, sprang ich in die Luft. 5. Er schrie vor Schmerz, _____ (A) ihm sein kranker Zahn verursachte. 6. Vor Verdruss, _____ (A) er ständig in seinem Betrieb hatte, konnte er nicht mehr schlafen. 7. Ihr kamen die Tränen vor Glück, _____ (A) sie bei der Ankunft ihrer Freunde empfand. 8. Aus Mitleid, _____ (N) uns bei dem Kata-

113

strophenbericht erfüllte, beschlossen wir zu helfen. 9. Er wandte sich an seinen Lehrer aus Sorge, _____ (A) er sich um seine zukünftige Berufsausbildung machte. 10. Aus Eifersucht, _____ (N) ihn ständig quälte, wurde er ungerecht und unglücklich. 11. Vor Ekel, _____ (N) mich bei dem scheußlichen Geruch überkam, wurde mir übel. 12. Aus Dankbarkeit, _____ (A) ich meinen Freunden bisher noch nicht beweisen konnte, half ich ihnen jetzt in ihrer Not.

bestimmter Artikel im Nominativ	Dativ ohne Artikel und Artikelwort *dieser* im Dativ
der –e –	–em – / diesem –en –
die –e –	–er – / dieser –en –
das –e –	–em – / diesem –en –

_____ frische Mut ⓡ	mit frischem Mut / mit diesem frischen Mut
_____ ständige Furcht	mit ständig____ Furcht / mit dies____ ständig____ Furcht
_____ starke Vertrauen ⓡ	mit stark____ Vertrauen / mit dies____ stark____ Vertrauen
_____ unstillbare Sehnsucht	aus unstillbar____ Sehnsucht / aus dies____ unstillbar____ Sehnsucht
_____ rohe Gewalt	mit roh____ Gewalt / mit dies____ roh____ Gewalt
_____ berechtigte Zweifel	mit berechtigt____ Zweifel / mit dies____ berechtigt____ Zweifel
_____ innere Zwang ⓡ	aus inner____ Zwang / aus dies____ inner____ Zwang
_____ lebhafte Interesse	mit lebhaft____ Interesse / mit dies____ lebhaft____ Interesse
_____ große Zuversicht	mit groß____ Zuversicht / mit dies____ groß____ Zuversicht
_____ tiefe Mitleid	aus tief____ Mitleid / aus dies____ tief____ Mitleid
_____ verletzte Stolz ⓡ	aus verletzt____ Stolz / aus dies____ verletzt____ Stolz

_____ gesunde Selbstbewusstsein ℝ   mit gesund_____ Selbstbewusstsein / mit

dies_____ gesund_____ Selbstbewusstsein

_____ strenge Disziplin   bei streng_____ Disziplin / bei dies_____

streng_____ Disziplin

_____ unersättliche Gier   aus unersättlich_____ Gier / aus dies_____

unersättlich_____ Gier

_____ völlige Ohnmacht   aus völlig_____ Ohnmacht / aus dies_____

völlig_____ Ohnmacht

_____ krankhafte Prahlsucht   von krankhaft_____ Prahlsucht / aus dies_____

krankhaft_____ Prahlsucht

_____ hartnäckige Trotz ℝ   mit hartnäckig_____ Trotz / mit dies_____

hartnäckig_____ Trotz

_____ positive Einfluss   bei positiv_____ Einfluss / bei dies_____

positiv_____ Einfluss

_____ unschätzbare Wert ℝ   von unschätzbar_____ Wert / von dies_____

unschätzbar_____ Wert

_____ ausreichende Wissen ℝ   mit ausreichend_____ Wissen / mit dies_____

ausreichend_____ Wissen

bestimmter Artikel im Nominativ	Akkusativ ohne Artikel
der –	en –
die –	e –
das –	es –

1. Für seine Arbeit braucht er gründlich_____ Wissen und streng_____ Disziplin. 2. Ich habe stark_____ Vertrauen zu meinen Mitarbeitern. 3. Ihr Freund übt sehr groß_____ Druck auf sie aus. 4. Du brauchst mehr gesund_____ Selbstvertrauen! 5. Ich hatte immer unstillbar_____ Sehnsucht nach dem Süden. 6. Ich fürchte, wir erleben heute im Fernsehen zu viel roh_____ Gewalt. 7. Diese Erfahrungen haben unschätzbar_____ Wert für mich. 8. Vor manchen Entwicklungen empfinden wir nichts als völlig_____ Ohnmacht. 9. Für deine neue Aufgabe wünsche ich dir immer frisch_____ Mut und unerschütterlich_____ Zuversicht. 10. Die Eltern zeigten lebhaft_____ Interesse an der Ausbildung ihrer Kinder.

III Zusammengesetzte Substantive

das Haus (Bestimmungswort), die Nummer (Grundwort) – die Hausnummer
Das Grundwort bestimmt den Artikel des zusammengesetzten Substantivs.

bestimmter Artikel im Nominativ (Grundwort und Bestimmungswort)	**unbestimmter Artikel im Nominativ,** **Präposition** *aus* **(Material) und** *für* **(Zweck)**
der –	ein – ist ein – aus / für –
die –	eine – ist eine – aus / für –
das –	ein – ist ein – aus / für –

_____ Leder   _____ Koffer   Ein Lederkoffer ist ein Koffer aus Leder.

_____ Tee ⓡ   _____ Kanne ⓡ   Eine Teekanne ist eine Kanne für Tee.

_____ Stroh   _____ Dach   _____ Strohdach _____

_____ Dach _____ Stroh.

_____ Kaffee   _____ Tasse ⓡ   _____ Kaffeetasse _____

_____ Tasse _____ Kaffee.

_____ Silber ⓡ   _____ Löffel   _____ Silberlöffel _____

_____ Löffel _____ Silber.

_____ Leinen   _____ Kleid   _____ Leinenkleid _____

_____ Kleid _____ Leinen.

_____ Obst   _____ Salat   _____ Obstsalat _____

_____ Salat _____ Obst.

_____ Obst   _____ Schale ⓡ   _____ Obstschale _____

_____ Schale _____ Obst.

_____ Salat   _____ Schüssel   _____ Salatschüssel _____

_____ Schüssel _____ Salat.

_____ Holz   _____ Brücke ⓡ   _____ Holzbrücke _____

_____ Brücke _____ Holz.

_____ Holz   _____ Haus   _____ Holzhaus _____

_____ Haus _____ Holz.

116

_____ Kuchen	_____ Teller	_____ Kuchenteller _____
		_____ Teller _____ Kuchen.
_____ Porzellan	_____ Teller	_____ Porzellanteller _____
		_____ Teller _____ Porzellan.
_____ Leder	_____ Schuh ®	_____ Lederschuh _____
		_____ Schuh _____ Leder.
_____ Glas	_____ Kugel	_____ Glaskugel _____
		_____ Kugel _____ Glas.
_____ Gold ®	_____ Ring ®	_____ Goldring _____
		_____ Ring _____ Gold.
_____ Brot	_____ Korb ®	_____ Brotkorb _____
		_____ Korb _____ Brot.

Woraus? Wofür?

  1. Woraus ist der Koffer?   Der Koffer ist aus Leder.

  2. Wofür ist die Kanne?   Die Kanne ist für Tee.

  3. _____ ? _____ .

  4. _____ ? _____ .

  5. _____ ? _____ .

  6. _____ ? _____ .

  7. _____ ? _____ .

  8. _____ ? _____ .

  9. _____ ? _____ .

10. _____ ? _____ .

11. _____ ? _____ .

12. _____ ? _____ .

13. _____ ? _____ .

14. _____ ? _____ .

15. _____ ? _____ .

16. _____ ? _____ .

17. _____ ? _____ .

bestimmter Artikel im Nominativ
(Grundwort und Bestimmungswort)

der –
die –
das –

bestimmter Artikel im Nominativ
(Zusammengesetztes Substantiv)

der –
die –
das –

_____ Brief ®	_____ Umschlag	der Briefumschlag	
_____ Stadt	_____ Zentrum ®	_____	_____
_____ Buch	_____ Titel	_____	_____
_____ Brief ®	_____ Marke ®	_____	_____
_____ Winter ®	_____ Mantel	_____	_____
_____ Turm ®	_____ Uhr	_____	_____
_____ Glas	_____ Scherbe ®	_____	_____
_____ Werkzeug	_____ Kasten	_____	_____
_____ Auto ®	_____ Bahn	_____	_____
_____ Bahn	_____ Hof ®	_____	_____
_____ Reise ®	_____ Koffer	_____	_____
_____ Reise ®	_____ Tasche ®	_____	_____
_____ Reis ®	_____ Feld	_____	_____
_____ Getreide ®	_____ Ernte ®	_____	_____
_____ Nachbar ®	_____ Land	_____	_____
_____ Hilfe ®	_____ Ruf ®	_____	_____
_____ Fluss ®	_____ Ufer	_____	_____
_____ Stahl ®	_____ Industrie ®	_____	_____

bestimmter Artikel im Nominativ

der –
die –
das –

Artikelwort _mein_ im Genitiv, Dativ und Akkusativ

meines –(e)s / meinem – / meinen –
meiner – / meiner – / meine –
meines –(e)s / meinem – / mein –

1. (Fuß Ⓡ / Gelenk Ⓡ) Ich habe mir mein____ _____ (A) verstaucht.
2. (Arm Ⓡ / Band) Der Verschluss mein____ _____ (G) muss repariert werden. 3. (Hals Ⓡ / Tuch) Es ist ziemlich kalt draußen; ich binde mir wohl besser mein____ _____ (A) um. 4. (Hals Ⓡ / Kette Ⓡ) Ich kaufe mir einen neuen Anhänger für mein____ _____ (A); ich habe nämlich den alten Anhänger mein____ _____ (G) verloren. 5. (Reise Ⓡ / Tasche Ⓡ) Bring mir doch bitte das Buch aus mein____ _____ (D). 6. (Reise Ⓡ / Pass Ⓡ) Im nächsten Monat muss ich unbedingt mein____ _____ (A) verlängern lassen. 7. (Sommer Ⓡ / Mantel) Heute kann ich endlich einmal mein____ _____ (A) anziehen. 8. (Wohnzimmer / Fenster) Aus mein____ _____ (D) habe ich einen sehr schönen Blick auf die Altstadt. 9. (Regen Ⓡ / Schirm Ⓡ) Jetzt habe ich doch schon wieder mein____ _____ (A) im Bus liegen lassen. 10. (Brief Ⓡ / Tasche Ⓡ) Mit Schrecken habe ich den Verlust mein____ _____ (G) bemerkt.

bestimmter Artikel im Nominativ (Grundwort)	**bestimmter und unbestimmter Artikel im Nominativ**
der –e –	der – / ein –
die –e –	die – / eine –
das –e –	das – / ein –

Das Bestimmungswort ist Adjektiv, das Grundwort Substantiv.

_____ große Markt Ⓡ   der Großmarkt / ein Großmarkt

_____ kleine Stadt   _____ Kleinstadt / _____ Kleinstadt

_____ hohe Haus   _____ Hochhaus / _____ Hochhaus

_____ neue Bau Ⓡ   _____ Neubau / _____ Neubau

_____ schnelle Imbiss   _____ Schnellimbiss / _____ Schnellimbiss

_____ kurze Urlaub   _____ Kurzurlaub / _____ Kurzurlaub

_____ weiße Wein Ⓡ   _____ Weißwein / _____ Weißwein

_____ rote Kohl Ⓡ   _____ Rotkohl / _____ Rotkohl

_____ schwarze Brot   _____ Schwarzbrot / _____ Schwarzbrot

_____ blaue Beere Ⓡ   _____ Blaubeere / _____ Blaubeere

_____ süße Speise Ⓡ   _____ Süßspeise / _____ Süßspeise

_____ rohe Seide Ⓡ   _____ Rohseide / _____ Rohseide

_____ leichte Metall   _____ Leichtmetall / _____ Leichtmetall

_____ feine Arbeit   _____ Feinarbeit / _____ Feinarbeit

_____ steile Ufer	_____ Steilufer / _____ Steilufer	
_____ obere Schicht	_____ Oberschicht / _____ Oberschicht	
_____ späte Schicht	_____ Spätschicht / _____ Spätschicht	
_____ untere Seite ®	_____ Unterseite / _____ Unterseite	
_____ kleine Kind	_____ Kleinkind / _____ Kleinkind	
_____ weite Sicht	_____ Weitsicht / _____ Weitsicht	

bestimmter Artikel im Nominativ (Grundwort)	**unbestimmter Artikel im Dativ und Akkusativ**
der –e –	einem –en – / einen –en –
die –e –	einer –en – / eine –e –
das –e –	einem –en – / ein –es –

1. Der Einzelhändler kauft seine Ware auf _____ groß_____ Markt (D). Der Einzelhändler kauft seine Ware in _____ _____ (D). 2. Wir wohnen in _____ hoh____ Haus (D). Wir wohnen in _____ _____ (D). 3. Bist du in _____ klein____ Stadt (D) oder in _____ groß___ Stadt (D) geboren? In _____ _____ (D), meine Eltern mochten keine großen Städte. 4. In diesem Jahr machen wir nur _____ kurz____ Urlaub (A). Ein _____ (N) ist nämlich sehr billig. 5. Unser Haus stand an _____ steil____ Ufer (D). Das _____ (N) war nicht ganz ungefährlich für unsere Kinder. 6. An diesem Morgen nahmen wir nur _____ schnell____ Imbiss (A). Sonst gehen wir nie zu _____ _____ (D). 7. Unsere Nachbarn haben _____ klein____ Kind (A). _____ _____ (A) sollte man unter keinen Umständen unbeaufsichtigt lassen. 8. Er arbeitet oft in _____ spät____ Schicht (D). Seiner Frau wäre es lieber, wenn er nicht so häufig _____ (A) hätte. 9. Für unsere Party wollen wir keinen roten, sondern _____ weiß____ Wein (A) kaufen. _____ passt einfach viel besser zur Fischsuppe, und außerdem ist er verträglicher als Rotwein. 10. Zum Schluss gab es noch _____ süß____ Speise (A). Normalerweise mache ich mir nichts aus _____ , aber die war einfach himmlisch. 11. Bei klarem Wetter haben wir von hier aus _____ wunderbar weit____ Sicht (A), _____ bessere _____ (A) als von so manchem Berg. 12. Die Karosserie ist aus _____ besonders leicht____ Metall (D). Dieses _____ wurde im Flugzeugbau entwickelt.

bestimmter Artikel im Nominativ
(Grundwort und Bestimmungswort)

der –
die –
das –

Das Bestimmungswort hat die Pluralform.

_____ Lampe ®   _____ Schirm ®   der Lampenschirm / ein Lampenschirm

_____ Reihe ®   _____ Haus   _____ Reihenhaus /

_____ Reihenhaus

_____ Länge ®   _____ Maß   _____ Längenmaß /

_____ Längenmaß

_____ Biene ®   _____ Korb ®   _____ Bienenkorb /

_____ Bienenkorb

_____ Schnecke ® _____ Tempo ®   _____ Schneckentempo /

_____ Schneckentempo

_____ Rose ®   _____ Duft ®   _____ Rosenduft /

_____ Rosenduft

_____ Blume ®   _____ Strauß ®   _____ Blumenstrauß /

_____ Blumenstrauß

_____ Blüte ®   _____ Staub ®   _____ Blütenstaub /

_____ Blütenstaub

_____ Wiese ®   _____ Blume ®   _____ Wiesenblume /

_____ Wiesenblume

_____ Pflanze ®   _____ Gift   _____ Pflanzengift /

_____ Pflanzengift

_____ Sonne ®   _____ Schein ®   _____ Sonnenschein /

_____ Sonnenschein

_____ Auge   _____ Lid   _____ Augenlid /

_____ Augenlid

_____ Nase ®	_____ Spitze ®	_____ Nasenspitze /
		_____ Nasenspitze
_____ Lippe ®	_____ Stift ®	_____ Lippenstift /
		_____ Lippenstift
_____ Hose ®	_____ Tasche ®	_____ Hosentasche /
		_____ Hosentasche
_____ Tasche ®	_____ Lampe ®	_____ Taschenlampe /
		_____ Taschenlampe
_____ Linie ®	_____ Flug ®	_____ Linienflug/
		_____ Linienflug
_____ Höhe ®	_____ Unterschied	_____ Höhenunterschied /
		_____ Höhenunterschied
_____ Familie ®	_____ Fest	_____ Familienfest /
		_____ Familienfest
_____ Düse ®	_____ Flugzeug	_____ Düsenflugzeug /
		_____ Düsenflugzeug
_____ Gruppe ®	_____ Reise ®	_____ Gruppenreise /
		_____ Gruppenreise
_____ Kirche ®	_____ Fenster	_____ Kirchenfenster /
		_____ Kirchenfenster

bestimmter Artikel im Nominativ (Grundwort und Bestimmungswort)	**bestimmter Artikel und Artikelwort** *dieser* **im Nominativ**
der –	der – / dieser –
die –	die – / diese –
das –	das – / dieses –
Zwischen Bestimmungswort und Grundwort tritt ein *s*.	

_____ Urlaub	_____ Gruß ®	der Urlaubsgruß / dieser Urlaubsgruß
_____ Besuch	_____ Zeit	_____ Besuchszeit /
		_____ Besuchszeit

_____ Versuch	_____ Objekt	_____ Versuchsobjekt /
		_____ Versuchsobjekt
_____ Wirtschaft ®	_____ Form	_____ Wirtschaftsform /
		_____ Wirtschaftsform
_____ Widerstand	_____ Kraft	_____ Widerstandskraft /
		_____ Widerstandskraft
_____ Gesicht ®	_____ Ausdruck	_____ Gesichtsausdruck /
		_____ Gesichtsausdruck
_____ Gefühl ®	_____ Sache ®	_____ Gefühlssache /
		_____ Gefühlssache
_____ Ausdruck	_____ Kraft	_____ Ausdruckskraft /
		_____ Ausdruckskraft
_____ Forschung ®	_____ Institut	_____ Forschungsinstitut /
		_____ Forschungsinstitut
_____ Schwierigkeit ®	_____ Grad ®	_____ Schwierigkeitsgrad /
		_____ Schwierigkeitsgrad
_____ Krankheit ®	_____ Erreger	_____ Krankheitserreger /
		_____ Krankheitserreger
_____ Freiheit ®	_____ Kampf ®	_____ Freiheitskampf /
		_____ Freiheitskampf
_____ Zeitung ®	_____ Artikel	_____ Zeitungsartikel /
		_____ Zeitungsartikel
_____ Vorbereitung ®	_____ Phase ®	_____ Vorbereitungsphase /
		_____ Vorbereitungsphase
_____ Durchschnitt	_____ Alter	_____ Durchschnittsalter /
		_____ Durchschnittsalter
_____ Belastung ®	_____ Grenze ®	_____ Belastungsgrenze /
		_____ Belastungsgrenze
_____ Gericht ®	_____ Beschluss ®	_____ Gerichtsbeschluss /
		_____ Gerichtsbeschluss
_____ Eingang ®	_____ Tor	_____ Eingangstor /
		_____ Eingangstor

bestimmter Artikel im Nominativ (Grundwort und Bestimmungswort)	bestimmter Artikel und Artikelwort *jener* im Nominativ
der – die – das –	der – / jener – die – / jene – das – / jenes –

Zwischen Bestimmungswort und Grundwort tritt *es*.

_____ Bund Ⓡ _____ Land das Bundesland / jenes Bundesland

_____ Freund Ⓡ _____ Kreis Ⓡ _____ Freundeskreis /

_____ Freundeskreis

_____ Sieg Ⓡ _____ Freude Ⓡ _____ Siegesfreude /

_____ Siegesfreude

_____ Grab _____ Stille Ⓡ _____ Grabesstille /

_____ Grabesstille

_____ Eis _____ Kälte Ⓡ _____ Eiseskälte /

_____ Eiseskälte

_____ Land _____ Grenze Ⓡ _____ Landesgrenze /

_____ Landesgrenze

_____ Tod Ⓡ _____ Angst _____ Todesangst /

_____ Todesangst

_____ Gott Ⓡ _____ Dienst Ⓡ _____ Gottesdienst /

_____ Gottesdienst

_____ Geist Ⓡ _____ Stärke Ⓡ _____ Geistesstärke /

_____ Geistesstärke

_____ Kind _____ Alter _____ Kindesalter /

_____ Kindesalter

_____ Dieb Ⓡ _____ Gut _____ Diebesgut /

_____ Diebesgut

_____ Jahr _____ Zeit _____ Jahreszeit /

_____ Jahreszeit

_____ Jahr   _____ Einkommen Ⓡ _____ Jahreseinkommen /

_____ Jahreseinkommen

_____ Tag Ⓡ   _____ Lohn Ⓡ _____ Tageslohn /

_____ Tageslohn

_____ Tag Ⓡ   _____ Karte Ⓡ _____ Tageskarte /

_____ Tageskarte

_____ Geist Ⓡ   _____ Bildung Ⓡ _____ Geistesbildung /

_____ Geistesbildung

_____ Leib Ⓡ   _____ Fülle Ⓡ _____ Leibesfülle /

_____ Leibesfülle

_____ Meer   _____ Boden _____ Meeresboden /

_____ Meeresboden

bestimmter Artikel im Nominativ (Grundwort)	bestimmter und unbestimmter Artikel im Nominativ
der – die – das –	der –e – / ein –er – die –e – / eine –e – das –e – / ein –es –

Das Grundwort ist ein Substantiv, das Bestimmungswort ist ein Verb.
Der Infinitiv des Verbs verliert *n* oder *en*.

_____ Zimmer (warten)   das besetzte Wartezimmer / ein besetztes Wartezimmer

_____ Zimmer (schlafen)   _____ klein_____ Schlafzimmer / _____

klein_____ Schlafzimmer

_____ Stelle Ⓡ (halten)   _____ neu_____ Haltestelle / _____

neu_____ Haltestelle

_____ Weg Ⓡ (gehen)   _____ schmal_____ Gehweg / _____

schmal_____ Gehweg

_____ Wiese Ⓡ (liegen)   _____ groß_____ Liegewiese / _____

groß_____ Liegewiese

_____ Schule Ⓡ (fahren)   _____ bekannt_____ Fahrschule / _____

bekannt_____ Fahrschule

_____ Matte Ⓡ (hängen)   _____ bequem____ Hängematte / _____

bequem____ Hängematte

_____ Schrank Ⓡ (kühlen)   _____ modern____ Kühlschrank / _____

modern____ Kühlschrank

_____ Text Ⓡ (werben)   _____ witzig____ Werbetext / _____

witzig____ Werbetext

_____ Platz Ⓡ (sitzen)   _____ frei____ Sitzplatz / _____

frei____ Sitzplatz

_____ Tasche Ⓡ (tragen)   _____ klein____ Tragetasche / _____

klein____ Tragetasche

_____ Maschine (nähen)   _____ elektrisch____ Nähmaschine /

_____ elektrisch____ Nähmaschine

_____ Recht (sorgen)   _____ väterlich____ Sorgerecht / _____

väterlich____ Sorgerecht

_____ Anlage Ⓡ (sprechen)   _____ defekt____ Sprechanlage / _____

defekt____ Sprechanlage

_____ Lampe Ⓡ (lesen)   _____ hell____ Leselampe / _____

hell____ Leselampe

_____ Material (schreiben)   _____ teuer____ Schreibmaterial / _____

teuer____ Schreibmaterial

_____ Erlaubnis Ⓡ (landen)   _____ verzögert____ Landeerlaubnis /

_____ verzögert____ Landeerlaubnis

_____ Zeit (starten)   _____ genau____ Startzeit / _____

genau____ Startzeit

_____ Pflicht (schweigen)   _____ streng____ Schweigepflicht / _____

streng____ Schweigepflicht

_____ Nummer (rufen)   _____ achtstellig____ Rufnummer / _____

achtstellig____ Rufnummer

_____ Zahn Ⓡ (schneiden)   _____ schmerzend____ Schneidezahn /

_____ schmerzend____ Schneidezahn

_____ Kunst (kochen)   _____ hoh____ Kochkunst / _____

hoh____ Kochkunst

Hier heißt das Bestimmungswort *Arbeit:*

bestimmter Artikel im Nominativ (Grundwort)	**bestimmter Artikel im Nominativ** (Zusammengesetztes Substantiv)
der –	der –
die –	die –
das –	das –

Zwischen Bestimmungswort und Grundwort tritt ein *s*.
Es gibt zwei Ausnahmen: der Arbeitgeber, der Arbeitnehmer

_____ Tag ®   der Arbeitstag

_____ Zeit   _____ _____

_____ Tempo ®   _____ _____

_____ Anzug   _____ _____

_____ Platz ®   _____ _____

_____ Raum ®   _____ _____

_____ Zimmer   _____ _____

_____ Fläche ®   _____ _____

_____ Stätte ®   _____ _____

_____ Kraft   _____ _____

_____ Lust   _____ _____

_____ Amt   _____ _____

_____ Angebot   _____ _____

_____ Markt ®   _____ _____

_____ Bedingung ®   _____ _____

_____ Verhältnis ®   _____ _____

_____ Vertrag   _____ _____

_____ Pause ®   _____ _____

_____ Lohn ®   _____ _____

_____ Unfall ®   _____ _____

_____ Ausfall ®   _____ _____

_____ Gang ®   _____ _____

_____ Buch

_____ Thema

_____ Unfähigkeit ®

_____ _____

_____ _____

_____ _____

IV Synonyme (gleiche Bedeutung)

bestimmter Artikel im Nominativ
der –
die –
das –

_____ Witz ®	_____ Scherz ®
_____ Beifall ®	_____ Applaus
_____ Absicht	_____ Zweck ®
_____ Ruhe ®	_____ Stille ®
_____ Streit ®	_____ Zank ®
_____ Elend	_____ Not
_____ Neid ®	_____ Missgunst
_____ Egoismus ®	_____ Eigennutz
_____ Last	_____ Mühe ®
_____ Befehl	_____ Auftrag
_____ Meinung ®	_____ Standpunkt ®
_____ Versuch	_____ Probe ®
_____ Produkt	_____ Erzeugnis ®
_____ Energie ®	_____ Kraft
_____ Grund ®	_____ Fundament ®
_____ Gegend	_____ Region ®
_____ Nässe ®	_____ Feuchtigkeit ®
_____ Behörde	_____ Amt
_____ Wirklichkeit ®	_____ Realität ®
_____ Zweifel	_____ Misstrauen ®

V Antonyme (entgegengesetzte Bedeutung)

bestimmter Artikel im Nominativ
der –
die –
das –

_____ Anfang   _____ Ende

_____ Start ®   _____ Landung ®

_____ Geburt   _____ Tod ®

_____ Saat   _____ Ernte ®

_____ Gehen ®   _____ Kommen ®

_____ Abflug ®   _____ Ankunft

_____ Nähe ®   _____ Ferne ®

_____ Jugend   _____ Alter

_____ Ruhe ®   _____ Bewegung ®

_____ Hitze ®   _____ Kälte ®

_____ Hunger   _____ Übersättigung ®

_____ Reichtum   _____ Armut

_____ Liebe ®   _____ Hass ®

_____ Lob   _____ Tadel

_____ Freude ®   _____ Ärger

_____ Angriff   _____ Verteidigung ®

_____ Erlaubnis ®   _____ Verbot

_____ Frage ®   _____ Antwort

_____ Gewinn   _____ Verlust

_____ Beginn   _____ Schluss ®

VI Homonyme (mehrere Bedeutungen)

bestimmter Artikel im Nominativ
der –
die –
das –

_____ Bank (Sitzgelegenheit)   _____ Bank (Geldinstitut)

_____ Messer (zum Schneiden)   _____ Messer (zum Messen)

_____ See (Binnensee: Bodensee)   _____ See (Meer: Ostsee)

_____ Band (langes Stück Stoff   _____ Band (Buch)

zum Binden)

_____ Teil (Stück eines Ganzen)   _____ Teil (Ersatzstück, Einzelstück)

_____ Leiter (Chef, Direktor)   _____ Leiter (zum Steigen)

_____ Tau (Niederschlag am Morgen)   _____ Tau (dickes Seil)

_____ Gehalt (Geld, Einkommen)   _____ Gehalt (Inhalt, geistiger Inhalt)

_____ Verdienst (Geld, Einkommen)   _____ Verdienst (Ansehen, man hat

es einer Person zu verdanken)

_____ Hut (Kopfbedeckung)   _____ Hut (Schutz)

_____ Tor (große Tür)   _____ Tor (naiver, dummer Mensch)

_____ Kiefer (Knochen, in dem das   _____ Kiefer (Nadelbaum)

Gebiss sitzt)

bestimmter und unbestimmter
Artikel im Nominativ

der – / ein –
die – / eine –
das – / ein –

bestimmter und unbestimmter
Artikel im Akkusativ

den – / einen –en –
die – / eine –e –
das – / ein –es –

1. Ist d____ Taschenmesser (N) neu? 2. D____ Luftdruckmesser (N) muss möglichst an einer Außenwand hängen. 3. D____ Bank (N) im Park war leider schon besetzt. 4. D____ Bank (N) teilte mir den Kontostand mit. 5. D____ Leiter (N) der Schule führte mit dem Schüler und seinen Eltern ein langes Gespräch. 6. D____ Leiter (A) haben wir uns von unserem Nachbarn geliehen. 7. Er bezieht ein____ hoh____ Monatsgehalt (A). 8. Frisches

Obst hat ein____ hoh____ Vitamingehalt (A). 9. D____ Kiefer (N) dort am Waldrand ist mindestens 90 Jahre alt. 10. D____ ganze Unterkiefer (N) tat mir nach der Zahnbehandlung weh. 11. Am Wochenende fahren wir manchmal an d____ Ostsee (A). 12. Wir ruderten über ein____ klein____ See (A). 13. Die Altstadt betritt man durch ein____ schön____, alt____ Tor (A). 14. Sie trug ein____ blau____ Band (A) um die Stirn. 15. Zum Geburtstag bekam ich ein____ interessant____ Bildband (A).

VII Zwillingswörter

Redewendungen ohne Artikel	bestimmter Artikel im Nominativ der – die – das –	
bei Wind und Wetter	_____ Wind Ⓡ	_____ Wetter
in Eis und Schnee	_____ Eis	_____ Schnee Ⓡ
seit Jahr und Tag	_____ Jahr	_____ Tag Ⓡ
an Ort und Stelle	_____ Ort Ⓡ	_____ Stelle Ⓡ
auf Schritt und Tritt	_____ Schritt Ⓡ	_____ Tritt Ⓡ
in Hülle und Fülle	_____ Hülle Ⓡ	_____ Fülle Ⓡ
mit Angst und Sorge	_____ Angst	_____ Sorge Ⓡ
mit Leib und Seele	_____ Leib Ⓡ	_____ Seele Ⓡ
in Samt und Seide	_____ Samt Ⓡ	_____ Seide Ⓡ
in Bild und Ton	_____ Bild	_____ Ton Ⓡ
mit Rat und Tat	_____ Rat Ⓡ	_____ Tat
mit Lust und Liebe	_____ Lust	_____ Liebe Ⓡ
unter Dach und Fach	_____ Dach	_____ Fach
Himmel und Hölle	_____ Himmel	_____ Hölle Ⓡ
Feuer und Flamme	_____ Feuer	_____ Flamme Ⓡ
Ruhm und Ehre	_____ Ruhm Ⓡ	_____ Ehre Ⓡ
Leben und Tod	_____ Leben Ⓡ	_____ Tod Ⓡ
Tag und Nacht	_____ Tag Ⓡ	_____ Nacht
Schall und Rauch	_____ Schall Ⓡ	_____ Rauch Ⓡ

Glanz und Größe	_____ Glanz Ⓡ	_____ Größe Ⓡ
bei Nacht und Nebel	___ Nacht	_____ Nebel Ⓡ
Hand und Fuß	_____ Hand	_____ Fuß Ⓡ

Wir wanderten in jeder Jahreszeit, bei Wind und Wetter, in Eis und Schnee. Er arbeitet schon seit Jahr und Tag in dieser Firma. Du musst den Vertrag gleich hier, an Ort und Stelle, unterschreiben. Mein Hund folgt mir auf Schritt und Tritt. Auf Schritt und Tritt trafen wir Freunde. In Spanien gibt es Apfelsinen in Hülle und Fülle. Sie lebten in ständiger Angst und Sorge um ihre Angehörigen. Sie ist mit Leib und Seele Ärztin. Du bist immer sehr gut gekleidet; du gehst immer in Samt und Seide. Er gab uns einen Reisebericht in Bild und Ton. Seine Eltern standen ihm immer mit Rat und Tat zur Seite. Die Schüler machen schnelle Fortschritte; sie lernen mit Lust und Liebe. Jetzt bin ich endlich mit den Vorbereitungen fertig; ich habe alles unter Dach und Fach. Ich musste Himmel und Hölle in Bewegung setzen um dieses Visum zu bekommen. Wir waren alle hellauf begeistert von dem Vorschlag; alle waren Feuer und Flamme. Mit seiner Tat erwarb er Ruhm und Ehre. Bei diesem Kampf ging es auf Leben und Tod. Wir arbeiten Tag und Nacht an dem Projekt. Das hat gar keine Bedeutung; das ist alles nur Schall und Rauch. Dieses Buch beschreibt Glanz und Größe des Herrscherhauses. Sie verschwanden heimlich, bei Nacht und Nebel. Was er machte, hatte Hand und Fuß.

Schlüssel

Seite 14–16

—

—

—

der	Junge, ein	die	Studentin, eine
der	Herr, ein	der	Schüler, ein
die	Dame, eine	der	Rechtsanwalt, ein
der	Freund, ein	die	Dolmetscherin, eine
die	Nachbarin, eine	der	Krankenpfleger, ein
der	Vater, ein	die	Krankenschwester, eine
die	Mutter, eine	der	Lehrer, ein
die	Tante, eine	die	Lehrerin, eine
der	Sohn, ein	die	Hausfrau, eine
die	Tochter, eine	der	Informatiker, ein
der	Nachbar, ein	die	Schülerin, eine
die	Freundin, eine	der	Student, ein
		die	Verkäuferin, eine

1. – 2. – 3. eine 4. Der, ein 5. Der, ein 6. Die, eine 7. Der, ein 8. Die, eine 9. Der, ein
10. Die, eine 11. Die, eine 12. Der, ein

1. – 2. – 3. das 4. ein, der 5. ein, der 6. eine, die 7. ein, der 8. ein, der 9. eine, die
10. eine, die 11. eine, die 12. ein, das

Seite 16–17

—	das Fohlen	die Hündin
—	das Rind	der Kater
das Vieh	die Kuh	die Katze
das Huhn	der Stier	die Ziege
die Henne	der Ochse	der Bock
die Glucke	das Kalb	das Schaf
der Hahn	das Schwein	der Widder
das Küken	die Sau	der Hammel
das Pferd	der Eber	das Lamm
die Stute	das Ferkel	
der Hengst	der Hund	

1. – 2. der 3. eine, die 4. eine, die 5. ein, der 6. ein, das 7. Ein, das 8. ein, der
9. ein, das 10. ein, das

Seite 20

1. der, der 2. der 3. die 4. der 5. die 6. der 7. der 8. die 9. die 10. die 11. die 12. Die, der

Seite 21

1. die 2. der 3. die 4. der 5. der 6. die 7. die 8. der, der 9. der 10. der 11. der 12. die 13. der 14. der 15. die

Seite 22

1. der 2. Die 3. der 4. der 5. der, der 6. Die, die 7. des –s 8. der 9. die, den, das 10. Die 11. die, die 12. der 13. dem 14. der 15. dem

Seite 25

1. Das, dem, das 2. das, Das, des –s 3. das, dem (Am), das 4. Das, des –s, dem (Im), das 5. das, das, dem, des –s 6. Das, dem (Im), Das, des –s 7. Das, dem, des –s

Seite 26–28

die –e Katze	–
der –e Hund	das –e Hündchen / ein –es
das –e Pferd	das –e Pferdchen / ein –es
das –e Tier	das –e Tierchen / ein –es
der –e Apfel	das –e Äpfelchen / ein –es
das –e Stück	das –e Stückchen / ein –es
der –e Schluck	das –e Schlückchen / ein –es
der –e Happen	das –e Häppchen / ein –es
die –e Hand	das –e Händchen / ein –es
der –e Fuß	das –e Füßchen / ein –es
der –e Kuss	das –e Küsschen / ein –es
der –e Schrank	das –e Schränkchen / ein –es
der –e Tisch	das –e Tischchen / ein –es
der –e Stuhl	das –e Stühlchen / ein –es
der –e Strauß	das –e Sträußchen / ein –es
die –e Stadt	das –e Städtchen / ein –es
der –e Wald	das –e Wäldchen / ein –es
die –e Tasche	das –e Täschchen / ein –es
die –e Flasche	das –e Fläschchen / ein –es
die –e Schwester	das –e Schwesterchen / ein –es
der –e Hut	das –e Hütchen / ein –es
das –e Spiel	das –e Spielchen / ein –es

der –e Hahn
das –e Brot
das –e Wort

1. einen –en, ein –es Häppchen 2. eine –e, ein –es Kätzchen 3. eine –e, ein Fläsch-chen 4. einen –en, ein –es Sträußchen 5. Brötchen 6. einen –en, ein Schlückchen 7. einen, ein Küsschen 8. ein ganz –es Stückchen 9. kein Wort, ein Wörtchen 10. ein –er Wald, Wäldchen

Seite 28–30

–

die –e Blume / eine –e
das –e Buch / ein –es
der –e Strauß / ein –er
das –e Haus / ein –es
die –e Maus / eine –e
der –e Mann / ein –er
die –e Frau / eine –e
das –e Kind / ein –es
der –e Baum / ein –er
die –e Rose / eine –e
das –e Auge / ein –es
der –e Garten / ein –er

die –e Mücke / eine –e
das –e Wort / ein –es
das –e Tuch /ein –es
die –e Brücke / eine –e
die –e Stunde / eine –e
der –e Wurm / ein –er
der –e Brief / ein –er
die –e Schwester / eine –e
der –e Bruder / ein –er
der –e Ring / ein –er
die –e Kette / eine –e
die –e Kammer / eine –e

1. (kleines) Fräulein 2. meine –e Stunde (mein –es Stündlein) 3. ein Röslein 4. Ein Männ-lein 5. Brüderlein, Schwesterlein 6. einem –en Berg (einem –en Berglein), ein –er Zwerg (ein –es Zwerglein) 7. ein –es Töchterlein 8. eine –e Maus (ein –es Mäuslein), ein –es Haus (ein –es Häuslein), eine –e Mücke (ein –es Mücklein), eine –e Brücke (ein –es Brücklein), ein –er Wurm (ein –es Würmlein), einen –en Turm (ein –es Türmlein) 9. einen –en Ring (ein –es Ringlein) 10. –en Kämmerlein

Seite 31–33

–

welche –e Pflanze / eine –e
jenes –e Schiff / ein –es
jedes –e Korn / ein –es
jeder –e Kern / ein –er
welcher –e Stein / ein –er
mancher –e Tropfen / ein –er
jede –e Flocke / eine –e
jener –e Stern / ein –er
diese –e Wolke / eine –e
jeder –e Punkt / ein –er
diese –e Bank / eine –e
jeder –e Baum / ein –er

dieser –e Zettel / ein –er
welches –e Heft / ein –es
jenes –e Licht / ein –es
jede –e Blase / eine –e
mancher –e Schritt / ein –er
dieses –e Stück / ein –es
welche –e Scheibe / eine –e
jede –e Locke / eine –e
diese –e Ecke / eine –e
jeder –e Zweig / ein –er
manches –e Blatt / ein –es
jede –e Wurzel / eine –e

1. Dieses –e, Dieses Schiffchen 2. diesem –en, diesem Bächlein 3. Jedes –e, Jedes Körnchen 4. jeder, jedes Tröpfchen 5. Dieses –e, Dieses Stückchen 6. jeder –e, jedes Zweiglein 7. manches –e, manches Heftchen 8. Dieser –e, Dieses Zettelchen 9. Jenes –e, Jenes Lichtlein 10. dieser –en, diesem Bänkchen (Bänklein) 11. jeder –en, jedem Bläschen 12. Jener –e, Jenes Sternlein (Sternchen)

Seite 36

1. das 2. das 3. des –s 4. dem (Am) 5. das 6. den 7. Der 8. Das 9. dem (am) 10. Das 11. des –s 12. des –(e)s 13. Das 14. die 15. der 16. der 17. den 18. Das 19. des –s 20. das

Seite 36–38

die	Erlaubnis	–	das	Einverständnis	dem
das	Erlebnis	dem	die	Fäulnis	der
das	Ergebnis	dem	das	Verhängnis	dem
die	Kenntnis	der	das	Hindernis	dem
die	Erkenntnis	der	das	Geständnis	dem
das	Bekenntnis	dem	die	Finsternis	der
das	Gedächtnis	dem	das	Ärgernis	dem
das	Verhältnis	dem	das	Bündnis	dem
das	Geheimnis	dem	das	Erzeugnis	dem
das	Bedürfnis	dem	das	Gefängnis	dem
das	Zeugnis	dem	die	Wildnis	der
das	Verzeichnis	dem	die	Ersparnis	der
das	Verständnis	dem			

1. die 2. Das 3. dem 4. dem 5. des –ses 6. dem 7. des –ses, das 8. dem 9. das 10. des –ses

Seite 38–40

die	Elbe	–	der	Watzmann	dem
die	Isar	der	der	Großglockner	dem (am)
der	Rhein	dem (am)	der	Brenner	dem
der	Neckar	dem	der	Mont Blanc	dem (am)
die	Spree	der	der	Kaiserstuhl	dem
die	Donau	der	der	Popocatepetl	dem
der	Inn	dem (am)			
die	Moldau	der	die	Europa	der
die	Seine	der	die	Bremen	der
die	Themse	der	die	Finnjet	der
der	Mississippi	dem (am)	die	Prinz Hamlet	der
der	Amazonas	dem	die	Titanic	der

das Hilton   dem (im)
das Sacher   dem
das Atlantic   dem (zum)

1. der, die 2. der, an dem (am), der 3. den 4. dem 5. der 6. der 7. der, die 8. den 9. den 10. der 11. dem (Vom), die 12. dem 13. das (ins)

Seite 40

der Teil	der Hauptteil
das Teil	der Hauptanteil
der Bruchteil	der Oberteil, das Oberteil
der Erdteil	der Unterteil, das Unterteil
der Landesteil	der Zwischenteil, das Zwischenteil
der Stadtteil	der Mittelteil, das Mittelteil
der Körperteil	das Ersatzteil
der Sonderteil	das Einzelteil
der Vorteil	das Gegenteil
der Nachteil	das Erbteil
der Anteil	der Schlussteil

Seite 41

der Schüler	der Süden	die Hoffnung
die Studentin	der Sommer	die Wirtschaft
das Kind	die Sonne	die Einsamkeit
der Hahn	der Mond	die Natur
das Kalb	die Pflanze	die Elektrizität
der Vetter	die Nelke	das Aquarium
die Tochter	die Platane	die Bücherei
die Verkäuferin	der Baum	das Schöne
der Richter	das Bäumchen	die Dreizehn
der Wind	das Blümlein	das A und O
die Nase	das Hindernis	der Stahl
die Kusine	die Eiche	das Labor
der Abend	der Wind	die Hälfte
der Rost	das Gewicht	der Genuss
die Liebe	das Gedicht	der Reichtum
das Eisen	das Auge	die Erlaubnis
der Humor	das Mädchen	der Ahorn
das Drittel	die Nacht	die Brise
das Getreide	die Kost	die Gewalt
das Wachstum	der Glaube	die Geschichte

Seite 44–45

der Kopf	die Hand	die Leber
die Stirn	der Fuß	die Galle
der Rumpf	der Finger	die Blase
die Wirbelsäule	die Zehe	die Niere
der Rücken	der Ellenbogen	die Milz
der Hals	das Knie	die Verdauung
die Schulter	das Skelett	der Kreislauf
die Brust	der Magen	der Stoffwechsel
der Bauch	die Lunge	der Blutdruck
das Gesäß	das Herz	das Geschlecht
der Knochen	der Herzschlag	die Drüse
der Muskel	das Gehirn	das Auge
die Sehne	die Gehirnfunktion	das Ohr
das Glied	die Atmung	die Nase
der Arm	der Atem	der Mund
das Bein	der Darm	das Sinnesorgan

1. den 2. des –s 3. dem 4. des –es, des –es 5. den, den, die, den, das, den 6. der 7. dem (am), dem (am) 8. der 9. den 10. des –s 11. die, des –s 12. der 13. der, des –es 14. den 15. die 16. dem

Seite 45–46

der –e Anzug	ein –er	der –e Anorak	ein –er
die –e Jacke	eine –e	der –e Schal	ein –er
das –e Kleid	ein –es	das –e Kopftuch	ein –es
die –e Hose	eine –e	der –e Schuh	ein –er
das –e Hemd	ein –es	der –e Stiefel	ein –er
die –e Weste	eine –e	die –e Sandale	eine –e
die –e Bluse	eine –e	der –e Hut	ein –er
der –e Mantel	ein –er	die –e Mütze	eine –e
der –e Rock	ein –er	der –e Strumpf	ein –er
der –e Pullover	ein –er	die –e Socke	eine –e

1. einen –en 2. ein –es 3. eine –e 4. einen –en 5. einen –en 6. einen –en 7. ein –es 8. ein –es 9. einen –en 10. eine –e 11. einen –en 12. eine –e

Seite 46–48

der	–e Kaffee	–	das	–e Obst	–es
die	–e Suppe	–e	das	–e Brot	–es

138

der	–e Kuchen	–er		die	–e Rohkost	–e
das	–e Fleisch	–es		die	–e Limonade	–e
der	–e Fisch	–er		das	–e Wasser	–es
die	–e Butter	–e		die	–e Schokolade	–e
der	–e Käse	–er		der	–e Wein	–er
der	–e Salat	–er		das	–e Bier	–es
das	–e Eis	–es		die	–e Milch	–e
der	–e Reis	–er		der	–e Tee	–er
der	–e Quark	–er		der	–e Saft	–er
das	–e Gebäck	–es		der (das) –e Joghurt		–er (–es)

1. –es 2. –es 3. –en 4. –e 5. –en 6. –es 7. –en 8. –en 9. –es, –en 10. –en, –en 11. –e 12. –en

1. –er 2. –es 3. –e 4. –er 5. –es 6. –es 7. –es 8. –er, –er 9. –e 10. –er

Seite 48–49

die Flüssigkeit	das Gefäß	das Bier	die Flasche
das Benzin	der Behälter	das Gemüse	der Topf
der Abfall, der Müll	die Tonne	das Mehl	die Schüssel
der Wein	das Fass	das Brot	der Korb
das Wasser	der Eimer	das Obst	die Schale
das Erdöl	der Tank	der Kaffee	die Tasse
das Öl	der Kanister	der Tee	das Glas
die Milch	die Kanne	die Limonade	der Becher
der Saft	der Krug	die Wäsche	der Koffer

1. Die, das (ins) 2. Das, den 3. Der, die, Der, die 4. Der, das (ins) 5. Das, den 6. Das, den 7. Das, den 8. Die, die 9. Der, den 10. Das, die 11. Das, den 12. Das, die 13. Das, den 14. Das, die 15. Der, die 16. Der, das 17. Die, den 18. Die, den

1.– 2. Das, dem (im) 3. Der, der, Der, der 4. Der, dem (im) 5. Das, dem (im) 6. Das, dem (im) 7. Das, dem (im) 8. Die, der 9. Der, dem (im) 10. Das, der 11. Das, dem (im) 12. Das, der 13. Das, dem (im) 14. Das, der 15. Der, der 16. Der, dem (im) 17. Die, dem (im) 18. Die, dem (im)

Seite 50–51

der –e Löffel	–	das –e Geschirr	dem –en
die –e Gabel	der –en	der –e Teller	dem –en
das –e Messer	dem –en	die –e Schüssel	der –en
das –e Besteck	dem –en	die –e Terrine	der –en

die –e Tasse	der –en	der –e Geschirrspüler	dem –en
das –e Glas	dem –en	die –e Waschmaschine	der –en
die –e Dose	der –en	der –e Herd	dem –en
der –e Staubsauger	dem –en		

1. einem –en, einem –en 2. einer –en, einem –en 3. einem 4. einem –en 5. einem –en 6. einer –en 7. einer –en –en 8. einem –en 9. einer –en 10. einem –en 11. einer –en, einer –en 12. einem –en, einem

Seite 51–52

der –e Tisch	ein –er	der –e Schreibtisch	ein –er
die –e Lampe	eine –e	das –e Bett	ein –es
das –e Möbelstück	ein –es	der –e Spiegel	ein –er
der –e Stuhl	ein –er	die –e Bank	eine –e
der –e Sessel	ein –er	der –e Hocker	ein –er
das –e Sofa	ein –es	das –e Klavier	ein –es
der –e Schrank	ein –er	der –e Teppich	ein –er
das –e Regal	ein –es		

1. –, der –e 2. eine –e, die –e 3. ein –es, das –e 4. einen –en, der –e 5. einen –en, der –e 6. ein –es, das –e 7. einen –en, der –e 8. ein –es, das –e 9. einen –en, der –e 10. ein –es, das –e 11. einen –en, der –e 12. eine –e, die –e 13. einen –en, der –e 14. ein –es, das –e 15. einen –en, der –e

Seite 52–53

das Haus	die Toilette, das WC
die Wohnung	der Balkon
der Raum	die Treppe
das Zimmer	das Stockwerk, der Stock, die Etage
der Korridor, der Flur, die Diele	der Keller
die Stube	der Boden
die Küche	der Eingang
das Bad	der Garten

1. das 2. die 3. den 4. das (ins) 5. den (den, die) 6. die 7. die 8. das (ins) 9. die (das [ins]) 10. den 11. die 12. das (ins) (den, die) 13. den 14. den 15. den 16. den

1.– 2. der 3. dem (im) 4. dem (im) 5. dem (im) (dem [im], der) 6. der 7. der 8. dem (im) 9. der (dem [im]) 10. dem 11. der 12. dem (im) (dem [im], der) 13. dem 14. dem 15. dem (am) 16. dem (im)

Seite 54–55

der –e Bahnhof	–	das –e Theater	ein –es
die –e Burg	eine –e	das –e Museum	ein –es
das –e Haus	ein –es	die –e Kirche	eine –e
die –e Brücke	eine –e	die –e Fabrik	eine –e
die –e Schule	eine –e	das –e Hotel	ein –es
die –e Universität	eine –e	die –e Hütte	eine –e
das –e Hospital	ein –es	die –e Villa	eine –e
der –e Turm	ein –er	der –e Speicher	ein –er
das –e Schloss	ein –es	das –e Bauwerk	ein –es

1. einem –en 2. einer –en 3. einem –en 4. einer –en 5. einer –en 6. einer –en 7. einem –en 8. einem –en 9. einem –en 10. einem –en 11. einem –en 12. einer –en –en 13. einer –en 14. einem –en 15. einer –en 16. einer –en 17. einem –en 18. einem –en

Seite 55–57

der –e Raum	–		die –e Kabine	dieser	–en
die –e Halle	–		die –e Kammer	dieser	–en
das –e Zimmer	dieses	–en –s	die –e Zelle	dieser	–en
der –e Saal	dieses	–en –es	der –e Gang	dieses	–en –es
die –e Stube	dieser	–en	die –e Kajüte	dieser	–en
das –e Büro	dieses	–en –s	die –e Veranda	dieser	–en
der –e Laden	dieses	–en –s	die –e Nische	dieser	–en
der –e Klassenraum	dieses	–en –es	die –e Werkstatt	dieser	–en
das –e Abteil	dieses	–en –s	die –e Bibliothek	dieser	–en

1. eines –en –es 2. einer –en 3. eines –en –s 4. eines –en –s 5. einer –en 6. einer –en 7. einer –en 8. einer –en 9. eines –en –s 10. einer –en

Seite 57–58

der Kreis	–	das Beet	des –es
die Fläche	der	das Grundstück	des –s
das Gebiet	des –es	der Platz	des –es
der Bereich	des –(e)s	der Fußboden	des –s
die Region	der	die Wand	der
die Ebene	der	die Decke	der
das Feld	des –es	das Quadrat	des –es
der Rasen	des –s	das Rechteck	des –(e)s

1.– 2. einer 3. eines –es 4. einer 5. eines –es 6. eines –s 7. eines –s 8. eines –es 9. eines –s 10. eines –es

Seite 58–60

der −e Wald	–	die −e Quelle	diese −e / jene −e
die −e Landschaft	diese −e / jene −e	der −e Bach	dieser −e / jener −e
das −e Land	dieses −e / jenes −e	der −e Fluss	dieser −e / jener −e
die −e Gegend	diese −e / jene −e	der −e Strom	dieser −e / jener −e
das −e Feld	dieses −e / jenes −e	die −e Mündung	diese −e / jene −e
die −e Wiese	diese −e / jene −e	das −e Meer	dieses −e / jenes −e
das −e Tal	dieses −e / jenes −e	der −e See	dieser −e / jener −e
der −e Berg	dieser −e / jener −e	der −e Strand	dieser −e / jener −e
der −e Hügel	dieser −e / jener −e	die −e Küste	diese −e / jene −e
das −e Gebirge	dieses −e / jenes −e	das −e Ufer	dieses −e / jenes −e
der −e Felsen	dieser −e / jener −e	die −e Wüste	diese −e / jene −e

1. jenen −en 2. diese −e 3. dieses −e 4. jene −e 5. dieses −e, jene −e 6. jenes −e 7. jenen −en 8. jenen −en, dieses −e 9. diesen −en 10. diese −e 11. jenen −en 12. diesen −en 13. Jenen −en 14. diese −e 15. Diese −e 16. jenes −e 17. diese −e 18. Diesen, jenen

Seite 60–61

der −e Bauernhof	–		die −e Wiese	einer	−en
die −e Dorfstraße	einer	−en	das −e Feld	einem	−en
das −e Dorf	einem	−en	der −e Acker	einem	−en
der −e Dorfplatz	einem	−en	der −e Brunnen	einem	−en
das −e Fachwerkhaus	einem	−en	der −e Graben	einem	−en
die −e Scheune	einer	−en	die −e Dorfkirche	einer	−en
der −e Stall	einem	−en	das −e Gasthaus	einem	−en
der −e Schuppen	einem	−en	der −e Zaun	einem	−en
der −e Garten	einem	−en	die −e Ernte	einer	−en

1. einer −en, einem −en 2. einem −en 3. einem −en −en, einem −en, einem −en 4. eine −e 5. eine −e −e, einem −en, einen −en 6. einen −en, einem 7. eine −e, einen −en 8. einem −en, einer −en 9. einen −en, ein −es −es, einen −en 10. eine −e 11. ein −es, einem −en 12. einem −en

Seite 62–63

der −e Marktplatz	–		die −e Gasse	eine	−e
die −e Großstadt	eine	−e	die −e Allee	eine	−e
das −e Zentrum	ein	−es	die −e Fußgängerzone	eine	−e
die −e City	eine	−e	der −e Gehweg	einen	−en
der −e Stadtkern	einen	−en	der −e Schaufensterbummel	einen	−en
die −e Straße	eine	−e	das −e Verkehrsmittel	ein	−es

die –e Ladenpassage	eine –e	der –e Tunnel	einen –en
der –e Bezirk	einen –en	der –e Bahnhof	einen –en
der –e Rathausmarkt	einen –en	der –e Verkehr	einen –en
die –e Wohngegend	eine –e	der –e Park	einen –en
der –e Stadtteil	einen –en	das –e Gebäude	ein –es

1. einer –en, einem –en 2. einem –en 3. eine –e, eine –e 4. einem –en, eine –e 5. einen –en, eine –e, eine –e 6. einem –en, einen –en –en 7. einer –en 8. eines –en –s 9. eines –en –s 10. einem –en 11. einem –en, eines –en –s 12. einer –en –en, einem –en –en

Seite 64–65

der –e Staat	–	das –e Gesetz	des –en –es
die –e Regierung	der –en	das –e Recht	des –en –(e)s
das –e Parlament	des –en –(e)s	die –e Pflicht	der –en
die –e Hauptstadt	der –en	die –e Verfassung	der –en
das –e Volk	des –en –(e)s	die –e Demokratie	der –en
der –e Bürger	des –en –s	die –e Politik	der –en
die –e Wahl	der –en	die –e Partei	der –en
der –e Kampf	des –en –es	die –e Bürgerinitiative	der –en
der –e Kanzler	des –en –s	die –e Hilfe	der –en

1. eines –en –(e)s 2. einer –en 3. einer –en 4. eines –en –s, einer –en 5. eines –en –es 6. eines –en –es 7. einer –en 8. einer –en 9. einer –en 10. einer –en

Seite 65–67

der –e Bach	–	die –e Hecke	der –en
die –e Lage	der –en	die –e Grenze	der –en
das –e Gelände	des –en –s	das –e Gasthaus	des –en –es
die –e Situation	der –en	der –e Hügel	des –en –s
der –e Verkehr	des –en –s	die –e Autobahn	der –en
der –e Ort	des –en –es	das –e Meer	des –en –es
der –e Stadtkern	des –en –s	der –e See	des –en –s
die –e Stadtmauer	der –en	der –e Gipfel	des –en –s
die –e Burg	der –en	das –e Hotel	des –en –s
das –e Dorf	des –en –es	die –e Linie	der –en
die –e Fahrbahn	der –en	der –e Kreis	des –en –es
der –e Zaun	des –en –es	die –e Menschenmenge	der –en

1. eines –en –es 2. eines –en –es 3. einer –en 4. eines –en –es 5. eines –en –es 6. einer –en 7. eines –en –es 8. einer –en 9. einer –en 10. eines –en –s 11. einer –en 12. eines –en –s 13. einer –en 14. einer –en

Seite 67–68

der	–e Sport	–		das	–e Ziel	–es
die	–e Freude	–e		der	–e Lauf	–er
das	–e Spiel	–es		der	–e Sprung	–er
der	–e Spaß	–er		der	–e Wurf	–er
das	–e Training	–es		der	–e Tanz	–er
die	–e Teilnahme	–e		das	–e Sportfest	–es
der	–e Sieg	–er		das	–e Sportgerät	–es
die	–e Niederlage	–e		die	–e Fairness	–e
der	–e Wettkampf	–er		der	–e Spielstand	–er
die	–e Kraft	–e		das	–e Spielergebnis	–es
der	–e Start	–er		der	–e Ehrgeiz	–er

1. –en 2. –es 3. –en 4. –e 5. –e –e 6. –en 7. –es 8. –e 9. –en 10. –es

Seite 68–70

der	Urlaub	–		der	Schatten	im
die	Erholung	zur		der	Berg	am
das	Urlaubsziel	am		das	Gebirge	im
der	Urlaubsort	am		der	Wald	im
der	Sport	beim		das	Wasser	im
das	Spiel	beim		der	Sand	im
die	Ruhe	zur		der	Schnee	im
die	Unterhaltung	zur		der	Regen	im
der	Genuss	vom		die	Beruhigung	zur
das	Vergnügen	zum		die	Freude	zur
der	Spaß	zum		der	Anfang	am, vom, zum
der	Strand	am		das	Ende	am, vom, zum
das	Meer	am				

1. Im 2. zur 3. Am 4. beim 5. beim 6. Zur 7. vom 8. im, zum 9. Am, im 10. im 11. im, am 12. Im 13. im (am), im 14. Zum 15. am, am 16. vom, zum

Seite 70–71

der	Bahnhof	einem		der	Waggon	einem
die	Bahn	einer		das	Abteil	einem
das	Gleis	einem		der	Gang	einem
die	Schiene	einer		die	Lokomotive	einer
der	Zug	einem		das	Signal	einem
der	Eisenbahnwaggon	einem		die	Bahnhofshalle	einer

der	Schalter	einem		die	Bahnhofsgaststätte	einer
die	Auskunft,	einer		die	Gepäckaufbewahrung	einer
die	Information	einer		die	Gepäckkarre	einer
die	Ankunft	einer		das	Schließfach	einem
die	Abfahrt	einer		der	Fahrplan	einem
der	Bahnsteig	einem		das	Gepäck (wird nicht mit	
die	Bahnsteigkante	einer			unbestimmtem Artikel gebraucht)	
die	Verspätung	einer		das	Gepäckstück	einem
der	Warteraum	einem				

1. dem (zum) 2. der 3. der (zur), dem (beim) 4. der (zur), der 5. der (zur) 6. dem (im)
7. der 8. dem (Am) 9. dem (Im) 10. dem 11. der 12. dem (Im) 13. dem (im) 14. dem (Im)
15. dem (im)

Seite 72–73

der	–e Wagen	–		die	–e Bremsscheibe	einer –en
die	–e Karosserie	einer –en		der	–e Scheinwerfer	eines –en –s
das	–e Auto	eines –en –s		die	–e Windschutzscheibe	einer –en
das	–e Fahrzeug	eines –en –(e)s		der	–e Scheibenwischer	eines –en –s
das	–e Fabrikat	eines –en –(e)s		der	–e Fahrersitz	eines –en –es
der	–e Motor	eines –en –s		der	–e Sicherheitsgurt	eines –en –(e)s
die	–e Automatik	einer –en		der	–e Kofferraum	eines –en –(e)s
die	–e Gangschaltung	einer –en		die	–e Fahrprüfung	einer –en
das	–e Getriebe	eines –en –s		der	–e Führerschein	eines –en –(e)s
der	–e Reifen	eines –en –s		der	–e Kraftfahrzeugbrief	eines –en –(e)s

1. dem –en, Den –en, des –en –s 2. dem, des –en –s, das –e, dem –en 3. die –e, der –en,
der –en 4. die –e, der –en 5. den –en, dem –en 6. des –en –es 7. der –en 8. die –e, der
–en, die –e, der –en

Seite 74–75

der	–e Hafen	–		der	–e Container	dem	–en
die	–e Schifffahrt	der	–en	der	–e Kran	dem	–en
das	–e Schiff	dem	–en	der	–e Schlepper	dem	–en
die	–e Hafenanlage	der	–en	der	–e Kutter	dem	–en
die	–e Reederei	der	–en	die	–e Fähre	der	–en
die	–e Hafeneinfahrt	der	–en	der	–e Tanker	dem	–en
der	–e Leuchtturm	dem	–en	der	–e Dampfer	dem	–en
die	–e Werft	der	–en	der	–e Kai	dem	–en
die	–e Schleuse	der	–en	die	–e Mole	der	–en
die	–e Lagerhalle	der	–en	das	–e Meer	dem	–en
der	–e Speicher	dem	–en	der	–e Seeweg	dem	–en

1. der –en, die –e, der –en 2. dem (im) –en, den –en, des –en –s 3. dem –en, das –e, des –en –es 4. der –en, die –e, der –en 5. des –en –(e)s 6. der –en 7. dem –en 8. den –en 9. dem (vom) –en, die –e 10. dem (vom) –en, die –e

Seite 75–77

der Luftweg	–	die Sicherheitskontrolle	der
die Luftfahrt	der	die Rollbahn	der
das Flugzeug	des –(e)s	die Wartehalle	der
die Maschine	der	die Landung	der
der Flug	des –es	der Abflug,	des –(e)s,
der Flugverkehr	des –s	der Start	des –(e)s
der Luftraum	des –(e)s	das Flugpersonal	des –s
der Flughafen	des –s	der Pilot	des –en
der Kontrollturm,	des –(e)s,	die Stewardess	der
der Tower	des –s	der Fluggast	des –es

1. dem, dem, den, des –(e)s 2. dem (zum), das, des –(e)s 3. dem, der, des –s, die, der 4. dem (Im), den, des –(e)s 5. dem (Beim), der, den, die, des –(e)s, der, der 6. dem, den, dem (zum), des –es, des –es

Seite 77–78

der Planet	–	der Satellit	des –en
die Welt	der	die Atmosphäre	der
das Universum	des –s	die Schwerkraft	der
der Weltraum	des –(e)s	die Weltraumforschung	der
das Weltsystem	des –s	der Raumforscher	des –s
das Gestirn	des –(e)s	die Raumfahrt	der
die Erde	der	das Raumschiff	des –(e)s
die Sonne	der	die Rakete	der
der Mond	des –es	das Weltall	des –s
der Stern	des –(e)s		

1. der 2. des –(e)s 3. des –s 4. des –s 5. der 6. der 7. der 8. des –(e)s 9. der 10. des –s

Seite 78–80

der Unterricht	dem (im)	die Lehre	der
die Schule	der (zur)	die Universität	der
das Unterrichtsfach	dem (im)	die Ausbildung	der
die Schulpflicht	der	das Schuljahr	dem

das	Semester	dem (im)	das	Diplom	dem
die	Forschung	der	das	Wissen	dem
die	Bildung	der	die	Kenntnis	der
der	Abschluss	dem	die	Klasse	der
die	Prüfung	der	der	Hörsaal	dem (im)
das	Examen	dem (im)	das	Labor	dem (im)
die	Zensur	der	der	Kurs,	dem,
die	Note	der	der	Kursus	dem
das	Zeugnis	dem (im)			

1. dem (zum), dem (am), Den 2. der (zur), der, der 3. der, der (zur), der 4. dem, der, das, der 5. den, dem, die, die 6. das, der, dem, dem, der 7. der, der, die 8. dem (Im), der, den, des –(e)s 9. das, dem (Im), des –(e)s, des –s, des –ses

Seite 80–82

der	Mathematiker	–	die	Dezimalzahl	jener
das	Ergebnis	jenem	das	Komma	jedem
das	Resultat	diesem	die	Summe	derselben
die	Zahl	derselben	die	Differenz	dieser
die	Ziffer	jeder	die	Subtraktion	dieser
die	Nummer	derselben	die	Rechenoperation	derselben
die	Aufgabe	keiner	die	Regel	irgendeiner
die	Menge	irgendeiner	das	Gesetz	jenem
die	Gleichung	keiner	die	Addition	derselben
das	Symbol	diesem	die	Multiplikation	keiner
der	Bruch	jenem	die	Division	jener
der	Bruchstrich	jedem	die	Wurzel	dieser
der	Zähler	diesem	der	Abzug	jenem
der	Nenner	jedem			

1. welcher 2. dieser 3. jeder 4. irgendeiner, jeder 5. jenem 6. diesem 7. jeder 8. diesem 9. dieser 10. jenem 11. dieser 12. dieser

Seite 82–83

der	Wirtschaftsplan	–	die	Dienstleistung	diese
die	Wirtschaftsform	diese	die	Produktion	diese
das	Wirtschaftssystem	dieses	das	Produkt	dieses
die	Planwirtschaft	diese	das	Erzeugnis	dieses
die	Arbeit	diese	der	Markt	dieser
das	Kapital	dieses	der	Handel	dieser
das	Produktionsmittel	dieses	das	Gewerbe	dieses

das	Geld	dieses		die	Ware	diese
das	Vermögen	dieses		die	Einnahme	diese
der	Gewinn	dieser		die	Ausgabe	diese
der	Verlust	dieser		die	Steuer	diese
das	Angebot	dieses		der	Umsatz	dieser
die	Nachfrage	diese				

1. Die, die 2. Das, das 3. Der, der 4. Das, das 5. Die, die 6. Das, das 7. die, die 8. die, die 9. Die, die 10. Die, die

Seite 83–85

der	Patient	–		die	Diagnose	eine –e
die	Medizin	eine –e		die	Therapie	eine –e
das	Medikament	ein –es		der	Schmerz	ein –er
die	Hilfe	eine –e		die	Diät	eine –e
die	Operation	eine –e		das	Hospital	ein –es
der	Heilprozess	ein –er		die	Klinik	eine –e
die	Tablette	eine –e		die	Krankenversicherung	eine –e
die	Pille	eine –e		der	Krankenschein	ein –er
das	Mittel	ein –es		die	Untersuchung	eine –e
die	Salbe	eine –e		der	Krankenhausaufenthalt	ein –er
die	Spritze,	eine –e,		die	Krankenpflege	eine –e
die	Injektion	eine –e		die	Apotheke	eine –e
das	Symptom	ein –es				

1. eines –en 2. eine –e 3. ein –es 4. einer –en 5. ein –es 6. eine –e 7. eine –e –e 8. einen –en 9. eine –e 10. einem –en 11. einer –en 12. eine –e 13. einen –en 14. einer –en 15. einem –en

Seite 85–87

der	Ton	–		das	Musikinstrument	welches / was für ein
die	Musik	welche / was für eine		das	Orchester	welches / was für ein
das	Konzert	welches / was für ein		der	Chor	welcher / was für ein
die	Kunst	welche / was für eine		das	Werk	welches / was für ein
der	Klang	welcher / was für ein		die	Symphonie	welche / was für eine
der	Takt	welcher / was für ein			(Sinfonie)	
der	Rhythmus	welcher / was für ein		die	Oper	welche / was für eine
die	Melodie	welche / was für eine		das	Musical	welches / was für ein
die	Lautstärke	welche / was für eine		das	Lied	welches / was für ein
das	Tempo	welches / was für ein		der	Gesang	welcher / was für ein
die	Note	welche / was für eine		die	Stimme	welche / was für eine

der	Tanz	welcher / was für ein	
das	Ballett	welches / was für ein	
das	Tonband	welches / was für ein	

die	Schallplatte	welche / was für eine	
die	CD	welche / was für eine	

1. Welche 2. eine 3. Welches 4. ein 5. Welches 6. ein 7. Welchen 8. einen 9. Welchen 10. einen 11. Welches 12. ein

Seite 87–89

der	Stil	–	das	Fresko	irgendein
die	Malerei	irgendeine	das	Bildnis	irgendein
das	Bild	irgendein	das	Porträt	irgendein
das	Gemälde	irgendein	die	Farbe	irgendeine
die	Zeichnung	irgendeine	das	Licht	irgendein
die	Graphik	irgendeine	der	Schatten	irgendein
der	Druck	irgendein	der	Strich	irgendein
das	Aquarell	irgendein	die	Tusche	irgendeine
die	Kopie	irgendeine	die	Kreide	irgendeine
der	Holzschnitt	irgendein	der	Pinsel	irgendein
der	Kupferstich	irgendein	die	Kontur	irgendeine
das	Stillleben	irgendein	die	Leinwand	irgendeine

1. –einen 2. –eines –es 3. –einem 4. –eine 5. –einen 6. –einem 7. –eines –s 8. –einer
9. –einen 10. –einen

Seite 89–90

der	Stein	–	der	Gips	diesem
die	Form	dieser	der	Marmor	diesem
das	Objekt	diesem	der	Granit	diesem
die	Figur	dieser	das	Metall	diesem
die	Plastik	dieser	der	Ton	diesem
die	Skulptur	dieser	die	Töpferscheibe	dieser
die	Statue	dieser	der	Stichel	diesem
das	Relief	diesem	der	Hammer	diesem
der	Torso	diesem	das	Werkzeug	diesem
das	Denkmal	diesem	der	Bildhauer	diesem
die	Keramik	dieser	die	Pop Art	dieser
das	Material	diesem	das	Museum	diesem

1. diesem 2. Dieses 3. dieser 4. dieses –s 5. diesem 6. dieses –s 7. dieser 8. Dieses
9. Diesen 10. diesem 11. diese 12. dieser

Seite 90–92

der	Architekt	–	das	Dach	–es
die	Architektur	–	die	Säule	–e
das	Gebäude	–	das	Ornament	–es
der	Bau	–	das	Fachwerk	–es
das	Baudenkmal	–es	der	Sockel	–er
die	Baukunst	–e	die	Fassade	–e
der	Baustil	–er	das	Gewölbe	–es
die	Stilepoche	–e	der	Bogen	–er
der	Gebäudeteil	–er	die	Bauhütte	–e
die	Bautechnik	–e	die	Säulenhalle	–e
der	Grundriss	–er	das	Portal	–es
das	Fundament	–es	der	Baumeister	–er
die	Mauer	–e			

1. Das, dessen 2. Die, deren 3. Der, dessen 4. Das, dessen 5. Das, dessen 6. Das, dessen 7. Der, dessen 8. Das, dessen 9. Das, dessen 10. Die, deren

Seite 92–93

der	–e Fleiß	–	der	–e Erfolg	–er
die	–e Arbeit	–e	der	–e Dienst	–er
das	–e Interesse	–es	die	–e Tätigkeit	–e
die	–e Mühe	–e	die	–e Arbeitszeit	–e
die	–e Ausdauer	–e	der	–e Arbeitskampf	–er
der	–e Eifer	–er	der	–e Verdienst	–er
die	–e Arbeitslust	–e	der	–e Lohn	–er
die	–e Kraft	–e	das	–e Einkommen	–es
die	–e Pause	–e	der	–e Lebensunterhalt	–er
der	–e Urlaub	–er	die	–e Arbeitserlaubnis	–e

1. –em, –em 2. –er, –er 3. –em 4. –er 5. –er 6. –er 7. –er 8. –em 9. –em, –er 10. –em 11. –er 12. –em

Seite 93–94

der	Hammer	–	der	Schraubenschlüssel	ein
die	Zange	eine	der	Zollstock	ein
das	Werkzeug	ein	die	Schere	eine
der	Bohrer	ein	das	Messer	ein
der	Hobel	ein	der	Pinsel	ein
der	Schraubenzieher	ein	das	Beil	ein

die	Wasserwaage	eine		der	Zirkel	ein
die	Säge	eine		das	Lineal	ein
die	Feile	eine		die	Lupe	eine

1. einem 2. einer 3. einem 4. einem 5. einem 6. einem 7. einem 8. einem 9. einer
10. einer, einem 11. einem 12. einem 13. einer 14. einer 15. einem 16. einem 17. einer
18. einem

Seite 95–97

der	Raum	–		das	Unternehmen	welches / irgendein
die	Werkstatt	welche / irgendeine		das	Büro	welches / irgendein
das	Labor	welches / irgendein		das	Studio	welches / irgendein
die	Fabrik	welche / irgendeine		das	Atelier	welches / irgendein
die	Industrie	welche / irgendeine		das	Institut	welches / irgendein
das	Werk	welches / irgendein		das	Klassenzimmer	welches / irgendein
der	Verlag	welcher / irgendein		der	Hörsaal	welcher / irgendein
die	Werft	welche / irgendeine		die	Küche	welche / irgendeine
der	Betrieb	welcher / irgendein		die	Gärtnerei	welche / irgendeine
die	Firma	welche / irgendeine		der	Bauernhof	welcher / irgendein

1. –em, demselben, dem 2. –e, dieselbe, die 3. –er, derselben, der 4. –e, dieselbe, die
5. –em, demselben, dem 6. –es, dasselbe, das 7. –em, demselben, dem 8. –em, demselben, dem 9. –en, denselben, den 10. –er, derselben, der 11. –em, demselben, dem
12. –es, dasselbe, dem

Seite 97–98

der	–e Baustoff	–		das	–e Gestein	–es
die	–e Masse	–e		das	–e Glas	–es
das	–e Material	–es		das	–e Metall	–es
die	–e Substanz	–e		der	–e Stahl	–er
der	–e Stoff	–er		das	–e Eisen	–es
das	–e Leder	–es		das	–e Gold	–es
die	–e Wolle	–e		das	–e Silber	–es
das	–e Leinen	–es		das	–e Platin	–es
die	–e Seide	–e		das	–e Kupfer	–es
das	–e Holz	–es		die	–e Bronze	–e
der	–e Stein	–er		das	–e Messing	–es

1. –em, –em 2. –er 3. –er 4. –em 5. –em 6. –er 7. –em 8. –er, –er 9. –em 10. –em
11. –em 12. –em 13. –em 14. –em 15. –em 16. –em 17. –em 18. –em 19. –em 20. –er
21. –em 22. –em

Seite 98–100

der	Rohstoff	–	das	Leder	diesem
die	Masse	dieser	der	Flachs	diesem
das	Material	diesem	das	Leinen	diesem
das	Erz	diesem	das	Zuckerrohr	diesem
das	Mineral	diesem	das	Getreide	diesem
das	Roheisen	diesem	das	Mehl	diesem
das	Erdöl	diesem	der	Kakao	diesem
die	Kohle	dieser	der	Sisal	diesem
das	Gestein	diesem	der	Ton	diesem
das	Holz	diesem	die	Faser	dieser
das	Papier	diesem	das	Rohprodukt	diesem
die	Baumwolle	dieser	der	Grundstoff	diesem
die	Rohseide	dieser			

1. aus dem 2. aus dem 3. aus dem 4. aus dem 5. aus dem 6. aus der 7. aus der 8. aus dem 9. aus dem

Seite 100–101

der	Stahl	–	die	Bekleidung	diese / jede
die	Maschine	diese / jede	die	Textilie	diese / jede
das	Produkt	dieses / jedes	das	Papier	dieses / jedes
der	Beton	dieser / jeder	das	Lebensmittel	dieses / jedes
der	Baustoff	dieser / jeder	die	Chemikalie	diese / jede
der	Ziegel	dieser / jeder	das	Werkzeug	dieses / jedes
der	Zement	dieser / jeder	das	Fahrzeug	dieses / jedes
das	Glas	dieses / jedes	die	Lederware	diese / jede
das	Porzellan	dieses / jedes	die	Uhr	diese / jede
die	Keramik	diese / jede	das	Gerät	dieses / jedes

1. Der, den 2. Das, das 3. Das, das 4. Das, das 5. Das, das 6. Die, die 7. Der, den 8. Der, den 9. Das, das 10. Der, den

Seite 101–103

der	Computer	–	der	Staubsauger	dieser –e
die	Elektronik	diese –e	die	Waschmaschine	diese –e
das	Gerät	dieses –e	der	Haartrockner,	dieser –e,
der	Fernseher	dieser –e	der	Fön	dieser –e
das	Radio	dieses –e	der	Plattenspieler	dieser –e
die	Glühbirne	diese –e	der	Verstärker	dieser –e

der	Lautsprecher	dieser −e	der Geschirrspüler	dieser −e
der	Kassettenrecorder	dieser −e	der Kühlschrank	dieser −e
der	CD-Player	dieser −e	das Elektronenfernrohr	dieses −e
die	Videoanlage	diese −e	das Elektronenmikroskop	dieses −e
der	Elektroherd	dieser −e		

1. deinen −en 2. mein −es 3. dein −es 4. meinen −en 5. meiner −en 6. Meinen −en −en
7. deinen −en 8. Meinen −en 9. meinem −en 10. deinem −en 11. meinen −en 12. meinem
−en

Seite 103–104

der −e Weizen	−	das −e Gemüse	−es / dieses −e
die −e Gerste	−e / diese −e	das −e Obst	−es / dieses −e
das −e Getreide	−es / dieses −e	das −e Mehl	−es / dieses −e
der −e Hafer	−er / dieser −e	der −e Zucker	−er / dieser −e
der −e Roggen	−er / dieser −e	das −e Öl	−es / dieses −e
der −e Mais	−er / dieser −e	der −e Wein	−er / dieser −e
der −e Reis	−er / dieser −e	die −e Milch	−e / diese −e
der −e Tabak	−er / dieser −e	das −e Gras	−es / dieses −e
das −e Fleisch	−es / dieses −e	das −e Heu	−es / dieses −e
das −e Geflügel	−es / dieses −e	das −e Stroh	−es / dieses −e

1. diesem −en 2. Dieses −e 3. diesen −en 4. diesen −en 5. diesen −en 6. dieser −en
7. dieses −en −s 8. diesem −en 9. dieses −e −e 10. diesem −en 11. diesem −en 12. die-
ses −e 13. dieses −en −es 14. dieses −e

Seite 104–106

der −e Baum	−	der −e Samen	dieses −en −s
die −e Pflanze	dieser −en	der −e Stengel	dieses −en −s
das −e Heilkraut	dieses −en −es	die −e Wurzel	dieser −en
der −e Busch	dieses −en −es	der −e Stamm	dieses −en −es
der −e Strauch	dieses −en −es	der −e Ast	dieses −en −es
die −e Blume	dieser −en	der −e Zweig	dieses −en −es
die −e Blüte	dieser −en	die −e Baumkrone	dieser −en
die −e Knospe	dieser −en	das −e Gras	dieses −en −es
das −e Blatt	dieses −en −es	das −e Getreide	dieses −en −s
die −e Frucht	dieser −en		

1. Dieser, dessen 2. Diese, deren 3. Dieses, dessen 4. Dieser, dessen 5. Dieser, dessen
6. Diese, deren 7. Diese, deren 8. Diese, deren 9. Dieses, dessen 10. Diese, deren
11. Dieser, dessen

der	Fuchs	–		die	Schildkröte	eine	–e
die	Wildkatze	eine	–e	das	Zebra	ein	–es
das	Wildschwein	ein	–es	der	Löwe	ein	–er
der	Wolf	ein	–er	der	Tiger	ein	–er
der	Hirsch	ein	–er	der	Elefant	ein	–er
das	Reh	ein	–es	die	Giraffe	eine	–e
der	Hase	ein	–er	der	Affe	ein	–er
das	Kaninchen	ein	–es	der	Panther	ein	–er
der	Igel	ein	–er	die	Antilope	eine	–e
der	Bär	ein	–er	das	Nilpferd	ein	–es
die	Schlange	eine	–e	der	Hai	ein	–er

1. keinen, einen 2. einen, keinen 3. einen, keinen 4. kein, eins 5. keine, eine 6. einen, keinen 7. keins 8. einen, keinen 9. eine, eine 10. ein, keins, eins 11. eine, keine 12. keinen

der	–e Luftdruck	–		die	–e Wärme	–e
die	–e Luft	–e		der	–e Wind	–er
das	–e Wetter	–es		der	–e Sturm	–er
das	–e Klima	–es		der	–e Orkan	–er
die	–e Temperatur	–e		der	–e Sonnenschein	–er
der	–e Regen	–er		das	–e Gewitter	–es
der	–e Schnee	–er		der	–e Blitz	–er
der	–e Hagel	–er		der	–e Donner	–er
der	–e Frost	–er		der	–e Nebel	–er
die	–e Kälte	–e		die	–e Niederschlagsmenge	–e
die	–e Hitze	–e		die	–e Luftfeuchtigkeit	–e

1. –em 2. –em 3. –em –em 4. –er 5. –er 6. –em 7. –em 8. –em, –em 9. –em –em 10. –er 11. –er 12. –em

der	Zeitraum	diesem		die	Woche	dieser
die	Zeit	dieser		der	Tag	diesem
das	Leben	diesem		die	Stunde	dieser
der	Zeitabschnitt	diesem		die	Minute	dieser
die	Jahreszeit	dieser		die	Sekunde	dieser
das	Jahr	diesem		die	Dauer	dieser
der	Monat	diesem		die	Zeitspanne	dieser

der Augenblick	diesem		der Zeitpunkt	diesem
der Moment	diesem		die Periode	dieser
das Jahrzehnt	diesem		der Termin	diesem
das Jahrhundert	diesem		das Alter	diesem
das Jahrtausend	diesem			

1. einem 2. einem 3. einem 4. einer 5. einem 6. einer 7. einer 8. einer 9. einer 10. einem 11. einem 12. einem 13. einer 14. einem

Seite 110–112

der Laut	–	–	die Grammatik	eine	dieser
die Sprache	eine	dieser	die Sprachlehre	eine	dieser
das Zeichen	ein	diesem	die Phonetik	eine	dieser
das Wort	ein	diesem	die Lautlehre	eine	dieser
der Wortschatz	ein	diesem	der Name	ein	diesem –n
der Klang	ein	diesem	der Ausdruck	ein	diesem
der Buchstabe	ein	diesem –n	die Bezeichnung	eine	dieser
der Vokal	ein	diesem	das Gespräch	ein	diesem
der Selbstlaut	ein	diesem	die Unterhaltung	eine	dieser
der Konsonant	ein	diesem –n	die Rede	eine	dieser
der Mitlaut	ein	diesem	die Schrift	eine	dieser
die Silbe	eine	dieser	der Text	ein	diesem
das Präfix	ein	diesem	die Geschichte	eine	dieser
das Suffix	ein	diesem	das Gedicht	ein	diesem
der Satz	ein	diesem	der Roman	ein	diesem
das Satzzeichen	ein	diesem	die Lektüre	eine	dieser

1. die 2. der, den 3. Der 4. den, der 5. der, der 6. Der, den 7. dem (Am) 8. des –es 9. Die 10. der 11. Der 12. Den 13. der 14. Die 15. der, des –s

Seite 112–114

der Stolz	der Hass	die Eifersucht
die Freude	der Neid	der Mut
das Gefühl	die Missgunst	der Übermut
die Dankbarkeit	das Mitleid	die Demut
der Ärger	der Verdruss	das Entsetzen
das Glück	der Kummer	der Ekel
die Wut	die Sorge	der Schmerz
der Zorn	die Angst	
die Liebe	die Lust	

1. die 2. den 3. das 4. die 5. den 6. den 7. das 8. das 9. die 10. die 11. der 12. die

der –e Mut	–	der c Stolz	–em / diesem –en
die –e Furcht	–er / dieser –en	das –e Selbstbewusstsein	–em / diesem –en
das –e Vertrauen	–em / diesem –en	die –e Disziplin	–er / dieser –en
die –e Sehnsucht	–er / dieser –en	die –e Gier	–er / dieser –en
die –e Gewalt	–er / dieser –en	die –e Ohnmacht	–er / dieser –en
der –e Zweifel	–em / diesem –en	die –e Prahlsucht	–er / dieser –en
der –e Zwang	–em / diesem –en	der –e Trotz	–em / diesem –en
das –e Interesse	–em / diesem –en	der –e Einfluss	–em / diesem –en
die –e Zuversicht	–er / dieser –en	der –e Wert	–em / diesem –en
das –e Mitleid	–em / diesem –en	das –e Wissen	–em / diesem –en

1. –es, –e 2. –es 3. –en 4. –es 5. –e 6. –e 7. –en 8. –e 9. –en, –e 10. –es

das	Leder	der	Koffer	–
der	Tee	die	Kanne	–
das	Stroh	das	Dach	ein Strohdach / ein Dach aus Stroh
der	Kaffee	die	Tasse	eine Kaffeetasse / eine Tasse für Kaffee
das	Silber	der	Löffel	ein Silberlöffel / ein Löffel aus Silber
das	Leinen	das	Kleid	ein Leinenkleid / ein Kleid aus Leinen
das	Obst	der	Salat	ein Obstsalat / ein Salat aus Obst
das	Obst	die	Schale	eine Obstschale / eine Schale für Obst
der	Salat	die	Schüssel	eine Salatschüssel / eine Schüssel für Salat
das	Holz	die	Brücke	eine Holzbrücke / eine Brücke aus Holz
das	Holz	das	Haus	ein Holzhaus / ein Haus aus Holz
der	Kuchen	der	Teller	ein Kuchenteller / ein Teller für Kuchen
das	Porzellan	der	Teller	ein Porzellanteller / ein Teller aus Porzellan
das	Leder	der	Schuh	ein Lederschuh / ein Schuh aus Leder
das	Glas	die	Kugel	eine Glaskugel / eine Kugel aus Glas
das	Gold	der	Ring	ein Goldring / ein Ring aus Gold
das	Brot	der	Korb	ein Brotkorb / ein Korb für Brot

1. – 2. – 3. Woraus, Das 4. Wofür, Die 5. Woraus, Der 6. Woraus, Das 7. Woraus, Der 8. Wofür, Die 9. Wofür, Die 10. Woraus, Die 11. Woraus, Das 12. Wofür, Der 13. Woraus, Der 14. Woraus, Der 15. Woraus, Die 16. Woraus, Der 17. Wofür, Der

der	Brief	der	Umschlag	–
die	Stadt	das	Zentrum	das Stadtzentrum

das	Buch	der	Titel	der	Buchtitel
der	Brief	die	Marke	die	Briefmarke
der	Winter	der	Mantel	der	Wintermantel
der	Turm	die	Uhr	die	Turmuhr
das	Glas	die	Scherbe	die	Glasscherbe
das	Werkzeug	der	Kasten	der	Werkzeugkasten
das	Auto	die	Bahn	die	Autobahn
die	Bahn	der	Hof	der	Bahnhof
die	Reise	der	Koffer	der	Reisekoffer
die	Reise	die	Tasche	die	Reisetasche
der	Reis	das	Feld	das	Reisfeld
das	Getreide	die	Ernte	die	Getreideernte
der	Nachbar	das	Land	das	Nachbarland
die	Hilfe	der	Ruf	der	Hilferuf
der	Fluss	das	Ufer	das	Flussufer
der	Stahl	die	Industrie	die	Stahlindustrie

1. (der / das) mein Fußgelenk 2. (der / das) meines Armbands 3. (der / das) mein Halstuch 4. (der / die) meine Halskette, meiner Halskette 5. (die / die) meiner Reisetasche 6. (die / der) meinen Reisepass 7. (der / der) meinen Sommermantel 8. (das / das) meinem Wohnzimmerfenster 9. (der / der) meinen Regenschirm 10. (der / die) meiner Brieftasche

Seite 119–120

der	–e Markt	–		die	–e Speise	die	/ eine
die	–e Stadt	die	/ eine	die	–e Seide	die	/ eine
das	–e Haus	das	/ ein	das	–e Metall	das	/ ein
der	–e Bau	der	/ ein	die	–e Arbeit	die	/ eine
der	–e Imbiss	der	/ ein	das	–e Ufer	das	/ ein
der	–e Urlaub	der	/ ein	die	–e Schicht	die	/ eine
der	–e Wein	der	/ ein	die	–e Schicht	die	/ eine
der	–e Kohl	der	/ ein	die	–e Seite	die	/ eine
das	–e Brot	das	/ ein	das	–e Kind	das	/ ein
die	–e Beere	die	/ eine	die	–e Sicht	die	/ eine

1. einem –en, einem Großmarkt 2. einem –en, einem Hochhaus 3. einer –en, einer –en, einer Kleinstadt 4. einen –en, Kurzurlaub 5. einem –en, Steilufer 6. einen –en, einem Schnellimbiss 7. ein –es, Ein Kleinkind 8. einer –en, Spätschicht 9. einen –en, Weißwein 10. eine –e, Süßspeise 11. eine –e, eine Weitsicht 12. einem –en, Leichtmetall

Seite 121–123

die	Lampe	der	Schirm	–	
die	Reihe	das	Haus	das	/ ein
die	Länge	das	Maß	das	/ ein

die Biene	der Korb	der / ein
die Schnecke	das Tempo	das / ein
die Rose	der Duft	der / ein
die Blume	der Strauß	der / ein
die Blüte	der Staub	der / ein
die Wiese	die Blume	die / eine
die Pflanze	das Gift	das / ein
die Sonne	der Schein	der / ein
das Auge	das Lid	das / ein
die Nase	die Spitze	die / eine
die Lippe	der Stift	der / ein
die Hose	die Tasche	die / eine
die Tasche	die Lampe	die / eine
die Linie	der Flug	der / ein
die Höhe	der Unterschied	der / ein
die Familie	das Fest	das / ein
die Düse	das Flugzeug	das / ein
die Gruppe	die Reise	die / eine
die Kirche	das Fenster	das / ein
der Urlaub	der Gruß	–
der Besuch	die Zeit	die / diese
der Versuch	das Objekt	das / dieses
die Wirtschaft	die Form	die / diese
der Widerstand	die Kraft	die / diese
das Gesicht	der Ausdruck	der / dieser
das Gefühl	die Sache	die / diese
der Ausdruck	die Kraft	die / diese
die Forschung	das Institut	das / dieses
die Schwierigkeit	der Grad	der / dieser
die Krankheit	der Erreger	der / dieser
die Freiheit	der Kampf	der / dieser
die Zeitung	der Artikel	der / dieser
die Vorbereitung	die Phase	die / diese
der Durchschnitt	das Alter	das / dieses
die Belastung	die Grenze	die / diese
das Gericht	der Beschluss	der / dieser
der Eingang	das Tor	das / dieses

Seite 124–126

der Bund	das Land	–	das Eis	die Kälte	die / jene
der Freund	der Kreis	der / jener	das Land	die Grenze	die / jene
der Sieg	die Freude	die / jene	der Tod	die Angst	die / jene
das Grab	die Stille	die / jene	der Gott	der Dienst	der / jener

der	Geist	die	Stärke	die / jene	der	Tag	der	Lohn	der / jener
das	Kind	das	Alter	das / jenes	der	Tag	die	Karte	die / jene
der	Dieb	das	Gut	das / jenes	der	Geist	die	Bildung	die / jene
das	Jahr	die	Zeit	die / jene	der	Leib	die	Fülle	die / jene
das	Jahr	das	Einkommen	das / jenes	das	Meer	der	Boden	der / jener

das	Zimmer	_	die	Maschine	die –e / eine –e
das	Zimmer	das –e / ein –es	das	Recht	das –e / ein –es
die	Stelle	die –e / eine –e	die	Anlage	die –e / eine –e
der	Weg	der –e / ein –er	die	Lampe	die –e / eine –e
die	Wiese	die –e / eine –e	das	Material	das –e / ein –es
die	Schule	die –e / eine –e	die	Erlaubnis	die –e / eine –e
die	Matte	die –e / eine –e	die	Zeit	die –e / eine –e
der	Schrank	der –e / ein –er	die	Pflicht	die –e / eine –e
der	Text	der –e / ein –er	die	Nummer	die –e / eine –e
der	Platz	der –e / ein –er	der	Zahn	der –e / ein –er
die	Tasche	die –e / eine –e	die	Kunst	die –e / eine –e

Seite 127–128

der	Tag	–	der	Markt	der	Arbeitsmarkt
die	Zeit	die Arbeitszeit	die	Bedingung	die	Arbeitsbedingung
das	Tempo	das Arbeitstempo	das	Verhältnis	das	Arbeitsverhältnis
der	Anzug	der Arbeitsanzug	der	Vertrag	der	Arbeitsvertrag
der	Platz	der Arbeitsplatz	die	Pause	die	Arbeitspause
der	Raum	der Arbeitsraum	der	Lohn	der	Arbeitslohn
das	Zimmer	das Arbeitszimmer	der	Unfall	der	Arbeitsunfall
die	Fläche	die Arbeitsfläche	der	Ausfall	der	Arbeitsausfall
die	Stätte	die Arbeitsstätte	der	Gang	der	Arbeitsgang
die	Kraft	die Arbeitskraft	das	Buch	das	Arbeitsbuch
die	Lust	die Arbeitslust	das	Thema	das	Arbeitsthema
das	Amt	das Arbeitsamt	die	Unfähigkeit	die	Arbeitsunfähigkeit
das	Angebot	das Arbeitsangebot				

Seite 128

der	Witz	der	Scherz	der	Egoismus	der	Eigennutz
der	Beifall	der	Applaus	die	Last	die	Mühe
die	Absicht	der	Zweck	der	Befehl	der	Auftrag
die	Ruhe	die	Stille	die	Meinung	der	Standpunkt
der	Streit	der	Zank	der	Versuch	die	Probe
das	Elend	die	Not	das	Produkt	das	Erzeugnis
der	Neid	die	Missgunst	die	Energie	die	Kraft

der	Grund	das	Fundament	die	Behörde	das	Amt
die	Gegend	die	Region	die	Wirklichkeit	die	Realität
die	Nässe	die	Feuchtigkeit	der	Zweifel	das	Misstrauen

Seite 129

der	Anfang	das	Ende	der	Hunger	die	Übersättigung
der	Start	die	Landung	der	Reichtum	die	Armut
die	Geburt	der	Tod	die	Liebe	der	Hass
die	Saat	die	Ernte	das	Lob	der	Tadel
das	Gehen	das	Kommen	die	Freude	der	Ärger
der	Abflug	die	Ankunft	der	Angriff	die	Verteidigung
die	Nähe	die	Ferne	die	Erlaubnis	das	Verbot
die	Jugend	das	Alter	die	Frage	die	Antwort
die	Ruhe	die	Bewegung	der	Gewinn	der	Verlust
die	Hitze	die	Kälte	der	Beginn	der	Schluss

Seite 130–131

die	Bank	die	Bank	der	Tau	das	Tau
das	Messer	der	Messer	das	Gehalt	der	Gehalt
der	See	die	See	der	Verdienst	das	Verdienst
das	Band	der	Band	der	Hut	die	Hut
der	Teil	das	Teil	das	Tor	der	Tor
der	Leiter	die	Leiter	der	Kiefer	die	Kiefer

1. das 2. Der 3. Die 4. Die 5. Der 6. Die 7. ein –es 8. einen –en 9. Die 10. Der 11. die 12. einen –en 13. ein –es –es 14. ein –es 15. einen –en

Seite 131–132

der	Wind	das	Wetter	die	Lust	die	Liebe
das	Eis	der	Schnee	das	Dach	das	Fach
das	Jahr	der	Tag	der	Himmel	die	Hölle
der	Ort	die	Stelle	das	Feuer	die	Flamme
der	Schritt	der	Tritt	der	Ruhm	die	Ehre
die	Hülle	die	Fülle	das	Leben	der	Tod
die	Angst	die	Sorge	der	Tag	die	Nacht
der	Leib	die	Seele	der	Schall	der	Rauch
der	Samt	die	Seide	der	Glanz	die	Größe
das	Bild	der	Ton	die	Nacht	der	Nebel
der	Rat	die	Tat	die	Hand	der	Fuß